文化変容のなかの子ども

経験・他者・関係性

高橋　勝

東信堂

まえがき

車で自宅に向かう県道を走りながら、フロントガラス越しに見える沿道の風景を眺めていたときに、昔中学校の英語の時間に習った“suburb”という言葉が、不意に浮かんだ。そのあたりは、駅周辺からも程遠く、以前は、ほとんどが麦、桑、野菜などの畑地で、夜は街灯もない寂しい農道だったところである。それが、今では、ガソリンスタンド、ファミリーレストラン、ビデオショップ、パチンコ店、中古車販売店などが沿道を埋め尽くし、光々としたネオンに照らし出されている。これが、“suburb”、つまり「郊外」なのだと実感した。中学生のころは、「郊外」という言葉の意味が全く理解できなかったが、四〇年以上も経った今頃になって、その言葉が圧倒的なリアリティをもって蘇ってきたのである。

私たちのライフスタイルが、地域社会にしっかりと根を下ろした生産中心の生活、いわば「地域社会依存型の生活」から、情報と消費に依存する「郊外型の生活」に大きく転換しはじめたのは、ほぼ一九七〇年代からのことである。こうした著しい社会変動は、当然のことながら、子どもの生活にも大きな影響を及ぼさずにはおかない。大人と子どもが、ともに働き、生活の舞台としていた地域社会は、産業化、都市化の過程で地滑り的に崩壊していった。それに代わって誕生したのが、「郊外型」のライフスタイルである。日本人は、生産力の向上と便利さを求めて、こうした「郊外型」の消費社会を自ら作り出してきたのである。

一九五〇年には、日本の農林漁業、炭坑などの第一次産業に従事する人口比は、四八・五%で、労働者の約半数近くが第一次産業従事者であった。それが、一九六〇年代の高度経済成長と都市化政策とともに大幅に減少し、二〇〇〇年には五・一%にまで落ち込んでいる。代わって、情報・サービスなどの第三次産業就業人口比が、この半世紀の間に、二九・六%から六三・七%にまで飛躍的に増大した。いまや日本の就業者のほぼ三分の二近くが、第三次産業従事者になったのである。それは、日本が、たった半世紀の間に、伝統的な「農耕型社会」から離脱して「工業型社会」に向かい、さらにそこからも脱皮して、新たな「情報・消費社会」に突入してきたことを物語っている。私たちは、この半世紀の間に、文明史的とも言える劇的な社会変動を体験してきたことになる。

教育関係者の間で、子どもが変わった、子どもがわからなくなったという嘆きの声がしきりに聞かれるようになったのも、実は一九七〇年代後半からであり、日本の急激な社会変動の時期とちょうど重なっている。生活者としての臭いが消えた子ども。山野や臨海でのキャンプ生活に全く興味を示さず、ゲーム機を手放さない子ども。将来に何の夢も期待も抱かず、何事に対しても、冷めた目で見ようとする子ども。情報やメカニズムにはめっぽう強いが、他者との関わり合いは極力避け、自分の世界に閉じ籠もろうとする子ども。こうした子どもたちの出現は、戦後教育の帰結というよりも、むしろ急激な社会変動のもたらした予期せぬ副産物として理解すべきであろう。

本書は、現代の日本の子どもが置かれている社会的、文化的に困難な状況を、その生活世界に即して読み解く一つの手がかりを示そうと試みたものである。したがって、社会変動の過程で生じた子どもの病理を一挙に解消できる特効薬を示そうとしたわけではない。むしろ人間形成というパースペクティブから見えてくる子どもたちの困難な状況を構造的視野のもとで理解し、そうした状況下にある子どもたちと粘り強くつき合い、同じ地平を共有して生きていくことの重要性を強調しようとしたものである。

本書は、これまで発表された論文を再構成し、大幅に加筆した上で、まとめたものである。

第Ⅰ部「文化変容のなかの子ども」では、一九七〇年代以降の急激な社会変動にともなって、子どもを取り囲む文化と子どもの生活世界が著しく変貌してきたことを、子どもの「自己形成空間」の変容という視点から、できるだけ具体的に描き出そうとした。

第Ⅱ部「情報・消費社会の子ども」では、一九七〇年代後半から巻き起こった情報化と消費社会化の激流は、学校教育にどのような影響を及ぼしつつあるのか、またこうした状況下で、学校は何をなすべきなのかを、いくつかの提言を交えて明らかにしようとした。

第Ⅲ部「文化変容と教師像の再構築」では、こうした社会変動と文化変容に対応して、これからの学校教師に求められる新たな教師像を、具体的に提示しようとした。

都市化・情報化・消費社会化という文明の激流は、日本の子どもたちを一気に呑み込んできたが、そうした現象を、教育人間学的に考察すると一体何が見えてくるのか。それが本書の全体を貫くモチーフである。本書を通して、子どもと文化、そして子どもの自己形成の問題を、教育人間学的にアプローチする広大で豊穣な地平の、ほんの一部でも提示できたとすれば、幸せである。本書に対する各方面からのご意見やご批正を賜ることができれば、まことに有難い。

最後になるが、本書への転載を快諾して下さった各出版社に御礼を申し上げたい。また、出版事情が厳しい折にもかかわらず、本書の出版を快諾して下さったばかりか、企画の全体についても、詳細なご助言や励ましを頂いた東信堂社長、下田勝司氏に心から厚く御礼を申し上げたい。

二〇〇二年一月

高　橋　　勝

目　次／文化変容のなかの子ども――経験・他者・関係性

文化変容のなかの子ども——経験・他者・関係性

第Ⅰ部　文化変容のなかの子ども

第一章　文化変容のなかの子ども

一　社会変動と子どもの生活世界

日本の高度経済成長が終息を迎える一九七〇年代半ばごろから、子どもが変わった、子どもがわからなくなったという声が、目立つようになってきた。新人類、異星人、自己チュー児、自己愛世代、電脳世代など、「今どきの子ども」に次々と貼られるラベルの新奇さが、大人世代から見たその不可解さを如実に物語っている。

とりわけ一九九七年に神戸市で起きた連続児童殺傷事件やそれに続く中学生の警察官襲撃事件、女性教師刺殺事件は、現代の中学生の行動の不可解さと不気味さを、改めて大人たちに印象づける結果となった。

近年の子どもたちは、はたして大人の理解を越えた世界の住人になってしまったのだろうか。子どもが変わったか否かということについては、ひとまず措くとしても、私たちが住む生活環境が大きく変貌してきたことは、誰もが認めざるをえないであろう。それは、高度経済成長期以降の日本を特徴づける社会状況、すなわち「豊かな社会」、「情報化社会」、「消費社会」、「管理社会」、「ポスト産業社会」などと呼ばれる新しい状況が出現したことである。こうした新しい社会的様相のいずれに着目するかによって、「現代社会」のイメージも大きく異なってくる。

本書では、一九七〇年代から現在に至る「現代社会」の特徴を、工業型産業社会からポスト工業型産業社会、つまり情報・消費型産業社会への転換過程としてとらえたい。一九七〇年代から今日に至る約三〇年間に、それ以前の「貧しい時代」とは質的に全く異なった子どもの問題が続出してくるが、それは、基本的に社会構造が、工業型社会から情報・消費型社会へと大きく転換してくる過程で生み出されてきた問題として理解できるからである。

むろん工業型社会が成立する以前には、数千年にわたる農耕型社会の歴史があることを見過ごすことはできない。日本も、ほんの三〇年程前までは、そうした農耕型社会の生活習慣の名残を随所にとどめていた。筆者は戦後生まれであるが、子どものころに、地域社会におけるそうした労働の手伝いや年中行事に参加した記憶がいまだに鮮明に残っている。農耕型社会の生活習慣は、自然村的な地域共同体の崩壊とともに、ある時期から解体の一途をたどってきたが、さまざまな年中行事や通過儀礼のかたちで、現在まで深い影響を及ぼしてきていることも否定できない。

そう考えると、私たちは、戦後のたった五〇数年間でも、濃淡はあれ**農耕型社会、工業型社会、消費型**

社会という三つの異なったタイプの社会構造を経験してきたことになる。それぞれの時期に形成された生活習慣や心的習慣（habitus）は、社会構造の変化とともに変容を遂げながらも、日本人の意識の古層で生き続ける。それが大人の行動を無意識のうちに規制する。ところが、新世代である子どもは、旧世代の蓄積してきた生活習慣や行動規範に縛られることなく、新しい時代の空気を存分に吸って成長する。そこに、当然のことながら、新世代と旧世代の生活感覚のズレが生まれる。

本書では、子どもの生育環境の問題状況を、とくに①一九六〇年代以前の農耕型社会から工業型社会への移行期の問題（生産的な**〈開発パラダイム〉**の優位）と、②一九八〇年代以降の工業型社会から消費型社会への移行期の問題（消費的な**〈自己選択パラダイム〉**の浸透）に焦点をあてて考えてみたい。子どもたちが、そうした特徴を有する「現代社会」の空気を日常的に吸い込むようになってから、それまで見えなかった何が子どもの〈まなざし〉に見えるようになったのか。そして逆に、それまで見えていた何がその視界から消えていったのか。日常生活における具体的な問題をとりあげながら、子どもの目に映ずる視界の変容を、できるだけ詳しく記述していきたい。

本章の流れをあらかじめ簡単にスケッチすれば、次のようになる。

農耕型社会の生活規範や習慣が残る社会では、大人と子どもの区別はさほど重要ではなく、子どもは一〇歳前後から見様見真似で（**ミメーシス・パラダイム**）大人の仕事に参加し、共同体の「一人前」の担い手に早く成長することが期待されていた。しかし、社会の工業化の過程で、子どもは大人の世界から徐々に排除され、読み書き算を学ぶ「児童、生徒」、すなわち「教育を要するヒト」(homo educandus)(1)として扱われるようになる。この時期から、子どもには、つねに教育や保護という網が被せられるようになった。学校が、子どもの生活のすべてとなるから、そこでは〈開発パラダイム〉が子どもに重くのしかかる。

「教育を要するヒト」となった子どもは、しかし一九八〇年代以降の情報化と消費生活化の波のなかで、欲望し、消費する「個我」として立ち現れるようになる。すなわち、子どもの世界にも〈自己選択パラダイム〉が浸透するようになる。「不登校」、「むかつき」、「切れる子ども」、「学級崩壊」など、九〇年代に著しい子どもの「問題行動」は、情報化と消費生活化の進行によって、子どもが公共性を欠落させたバラバラな「個我」として、この社会を浮遊しはじめた一つの現れではないかと考えられる。

農耕型社会から工業型社会へ、そしてさらに消費型社会への社会構造の急激な転換。こうした目まぐるしい社会変動に伴って、子どもの姿も〈ミメーシス・パラダイム〉から〈開発パラダイム〉で受けとめられ、そして今日では〈自己選択パラダイム〉として立ち現れてきているのではないか。これが、本章の全体を貫く基本的視点である。

二　「一人前」形成の装置としての地域共同体――〈ミメーシス・パラダイム〉の構成する日常性

「小さな村人」

哲学者の内山節は、ある著書のなかで、パリ郊外の山村を旅していたときの経験を記している。ある村にたどり着いて、小さなホテルを捜し当てたときのこと。中学生くらいの少女が、フロントの受付係をやっていた。自分は日本人だというと、少女は、フランス語ではなく、英語で話しかけてきたという。この小さなホテルは、家族で経営しているらしく、学校から帰宅して夕食までの一番忙しい時間には、家業の手助けをするのだという。

このホテルにしばらく滞在していると、その少女の弟が、午後のある時間だけ、レストランのボーイを務めていた。まだ一〇歳だという少年は、実に丁寧にメニューの説明をし、接客態度も身に付いていたという。

この村では、子どもたちは、小学校に上がるころになると、誰もが自分にできる仕事を与えられる。犬やロバ、鶏などの世話、山羊や羊を草原から草原へと移動させる仕事、家事や庭の掃除、薪割りの仕事、荷物運びなど、その年齢にふさわしい仕事を子どもたちはこなしていた。内山は、こう書いている。

自分は必要な人間として、この村で暮らしている。この感覚に支えられた自信と安心感が村の大人たちの世界であり、**その大人たちの世界を模写するように**、子どもたちもまた誰もが有意義な人間たちに加わっていくのです。子どもたちは、わずかな仕事を受け持つようになったときに、自分は子どもから「小さな大人」「小さな村人」になったと感じます。村の暮らしを守る関係の世界の一員になったことに、誇りをもつのです(2)。

「小さな大人」、「小さな村人」である子どもたちは、ただ単に親の仕事の手伝いをしているのではなく、大人たちの仕事に参加し、それを模倣していくこと(ミメーシス)で、期待されている自分の役割や自分の存在価値をしっかりと受けとめていく。「村の暮らしを守る関係の世界の一員」であることを実感し、その役割を積み重ねながら、大人に成長していくことができる。ここから、内山の思索は、日本の子どもたちの現状へとつながっていく。

フランスの農村に滞在していたとき、私は日本の子どもたちは「役立たず」なんだなと思ったことがあります。もちろん両親にとっては、子どもはいるだけでも存在意義があるというかもしれません。しかし、それは両親にとって意義があるだけであって、子ども自身が自分の存在に意義を感じていることにはならないのです。

あるいは、子どもは将来役に立つ人間になればいいのであって、いまはその準備だけをしていればよいのだ、という人もいるかもしれません。しかしこの言葉は、子どもの人間性を否定しているように見えます。なぜなら、いまは「役立たず」でもよいという言い方は、いまは価値のない人間であると言っているに等しいからです。

もちろん、日本の子どもも「必要な人間」としてそだてられていることに変わりはありません。しかし、なぜ必要な人間なのかをとらえる具体的な関係が存在しないならば、それは明確にはならないのです。すなわち、**抽象的には価値ある人間であっても、具体的にはその価値が見えてこない、そんな世界のなかに日本の子どもたちはおかれているような気がします**(3)。

むろん内山は、日本の子どもだけを批判的に見ているわけではない。むしろ能率優先の多忙なビジネス社会を生きるだけで、仕事の具体的な意味や価値を実感できない大人たちの生き方そのものに問題を感じているのである。

ミメーシスによる人間形成

しかし、かつての日本の子どもたちは、内山が紹介したフランスの山村の子どもたちに極めて近い生活を送っていたはずである。そのことは、筆者自身の個人的な経験を振り返っても、あてはまる。筆者は戦後生まれであるが、小・中学生のころは、日本は全体としてまだ貧しく、家事や家業の手伝いは、ごく当然のことであった。春や秋の農繁期には、田植えや稲刈りの手伝いで駆り出されるために、学校の一時休業すらあった。**子どもたちは、大人から保護されるというよりも、むしろ大人たちの生活の一部を支えていたのである。**

日本の子どもたちの間から、「小さな村人」「小さな大人」という感覚が消えていったのは、やはり高度経済成長の時期であったと考えられる。それは、たしかにガルブレイスの言う「豊かな社会」(affluent society)を出現させたが、それは同時に、人々の意識を地域共同体から離脱させ、規制を失った「個我」の欲望を解放させる過程でもあった。

内山がいささか牧歌的な風景のなかで描き出したような、「小さな村人」が自然に形成される空間は、人間形成空間(Menschenbildungs-raum)と名づけることができる。この言葉は、かつて教育学者の堀内守がメタフォリカルにその輪郭を描き出したものである。堀内は、壺井栄の小説『二十四の瞳』を例にあげ、「人間形成空間は、線形的な定義を拒む」とした上で、次のように述べている。

まさにそれ(人間形成空間——引用者)は、「おかしさとかなしさと、あたたかさが同時にこみあげてくるような、それでいてもっと含蓄のある」空間である。**それは、場所への象徴的愛着を中核としてなり立っているが**、社会的、文化的、生物的、人類学的な局面が濃厚に入り交じって織りなす空間である。右にのべた「外遊び」、つまり親の管理下から離れ、年齢の異なる子どもが群れをなして虫をとり、穴を掘り、貝殻を集め、木の実を拾い、木に登り、雑草を引っこぬき、ネコやイヌを追いかけ、土や砂をこねってどろんこ遊びに夢中になり、遊びやルールやわらべうたを伝承していく空間である(4)。

「場所への象徴的な愛着」を中核として成り立ち、人と人、人と自然、人と事物との〈関わり合い〉の糸を通して織り成される空間が、人間形成空間である。それは、子どもを神からの授かり物であると見て、超自然的な加護を得てはじめて育つものとみなしてきた日本の土俗的信仰の累積の厚みを示すものと言えるだろう。このころには、地域共同体に暮らす人々の意識の中に、「一人前」という観念が共有されていた。

『言海』によると、「いち・にん・まえ、一人前」とは、「芸術ナド、人、一人タル分際、即チ人並ミニ習ヒ得タルコト」とある。また『大言海』には、もう少し詳しく記述されており、それは、もともと膳部の一人の割り当て分のことをさしたともいい、一人前の「前」は、人前、世間前、腕前など人に触れること、人目に認められた割り当てをさすものと、説明されている。したがって、それは、単に主観的なものではなく、衆目の認める客観的なものであり、それぞれの地域共同体、職業集団において当然のこととして期待され、また要求される技能や社会的力量の基準でもあった。

このように、農耕型社会には、共同体の子どもを「小さな村人」「小さな大人」と見立て、大人の仕事に参加し、模倣行為(ドイツ語の見様見真似、模倣行為を表すMimesisは、ギリシャ語の$\mu\acute{\iota}\mu\eta\sigma\iota\varsigma$を語源とする)を通して、「一人前の村人」を形成していく社会的装置が仕組まれていた。それは、ドイツの教育学者ヴルフ(Wulf, Ch.)の言葉を使えば、「ミメーシスによる世界の獲得」(Weltaneigung durch Mimesis)を意味していた[5]。学校が成立した後でも、高度経済成長以前には、地域共同体におけるこうした「ミメーシスによる世界の獲得」の装置は脈々と生き続けてきた。この時期までに育った子どもは、多様な関係性から織り成される重層的な生活空間を生きていたと言うことができる。

三　学校化社会と子どもの「生徒」化――〈開発パラダイム〉の制度化

活字文化が生み出した大人と子どもの差異

農耕型社会に内在していた右記のような人間形成装置は、敗戦後の民主化政策にもかかわらず、少なくとも高度経済成長期以前の日本には、まだ濃厚に残っていた。その時期までは、子育てや教育の問題は、学校が一手に引き受けるものではなく、地域共同体のさまざまな通過儀礼(initiation)の中に仕組まれていたからである。仕事の力量や人間関係において、早く「一人前」の村人として、地域の人々に承認されることが、その頃の子どもの夢であった。

ところが、一九五〇年代後半に始まり、七〇年代半ばに終息する高度経済成長は、急速な工業化と都市化政策を通して、そうした自然村的な共同体意識と、大人と混じり合いながら仕事や学び、遊びまでも獲得していくというミメーシス(模倣的な学び)の場を急激に解体せしめていった。地域社会や家庭に代わって、学校が、近代社会に生きる子どもの学力を保障する場として全面に躍り出てくるからである。もしも、なぜ学校へ行かなければならないのか、と子どもに問われるならば、「読み書き算」(3R's)を習うために、と大人は答えるであろう。実際に、大人と子どもを峻別する最も重要な基準は、活字の読み書き能力(literacy)の有無だからである。

仮にまだ人間形成装置の名残がある地域社会であったとしても、そうした〈ミメーシス・パラダイム〉に包まれているだけでは、子どもに近代産業社会を生き抜く「教育」を保障することはできない。子どもは、学校教育を受けなければ、読み書き能力を基礎とした「学力」を獲得することができないからである。その読み書き能力の差が、知識量や情報量の格差を生み出す。活字を読める大人は、新聞や書物を通して、日常的世界を越えた無限に広がる世界を手に入れることができる。文字を知らない子どもは、狭い日常的世界に縛りつけられたままである。**まさに活字文化こそが、大人と子どもの差異を生み出したと言えるのである。**文明批評家のマンフォード(Manford, L.)は言う。

他のどんな手段も及ばないほど、印刷された本は人々を直接的なもの、地域的なものの支配から解放した。……印刷は、実際の出来事よりずっと強い印象を与えたのである。……存在することは、印刷においで存在することであり、それ以外の領域は、しだいに実体をなくしていった。学問は、本の学問になったのである(6)。

読み書き能力を身につけ、大人の住む広い抽象の世界を手に入れるために、子どもは学校で学ぶようになった。しかし、この抽象化された世界の介入が、それまでは同じ空間で生活していた大人と「小さな大人」とを隔離する〈まなざし〉を生み出したという点にも注目しなければならない。活字文化の登場が、学校という抽象化された教育空間を生み出し、その中に、読み書きのできない「未熟な子ども」を押し込める制度を作り出したとも言えるからである。

「一人前」の崩壊から「発達」の世界へ

とはいえ、大人の世界から隔離されて、学校に通うことになった子どもは、そうした「抽象の世界」を一挙に獲得するわけではない。ほぼ子どもの年齢段階に応じて、具体から抽象へという学習段階が設けられる。ここに教授学的な方法意識に支えられた発達段階論が生まれる。個々の子どもは、この発達段階というフィルターを通して理解され、指導され、評価を受ける。発達段階は、子どもが大人に至る筋道であるが、しかし、**その大人は、現在子どもたちが直接目にしている身近な大人、例えば、自分の両親や地域の人々ではない。**学校における子どもは、むしろ「全人的な発達」という抽象化された「望ましい大人」の理念型(Idealtypus)をモデルにして、教育される。したがって、ここでは、ミメーシス・パラダイムが機能する余地がなくなる。

ここに、「発達」という抽象化された観念が生まれる。「発達」は、学校システムを中心に人間形成を考えるようになった近代教育学の基本概念であるばかりでなく、活字文化が生み出した抽象的言説の産物でもある。

発達は"development"の翻訳語であるが、この語には、発達ばかりでなく、開発、進歩、進化、発展という意味も含まれている。ドイツ語で「発達」を表す"Entwickelung"にも、内に秘められた資源を引き出すという意味が込められている。ちょうど自然の内部に潜むエネルギーを抉り出すことが「開発」であるように、子どもの「無限の可能性」(Bildsamkeit)を余すところなく引き出すことが、「発達」なのである。

産業社会における子どもは、学校に長期間通うことで、「発達の可能性」を開花できるものと見なされ、日常的な大人の世界からも隔離されて、**発達途上の存在**として、教育空間の中にスッポリと収容される。こうして、子どもは「教育を要するヒト」(homo educandus)と見なされるようになり、自らもそのように振る舞うようになった。ここでは、ハーヴィガースト(Havighurst, R. J.)やピアジェ(Piaget, J.)の発達段階論が、科学的な根拠をもつものとして援用され、個々の子どもの「発達」の度合いがこうした抽象化されたスケールで計測されるようになる。

工業型社会では、子どもは、農耕型社会がそうであったように、**いまここで役に立つ人間として教育を受けるのではなく、将来の完成体に向けて限りなく開発され続ける。**問題なのは、工業型社会に代わって消費型社会が出現し、「大人」のモデルそのものが多様に拡散する新たな社会状況が出現したにもかかわらず、学校では、相変わらずこの〈開発パラダイム〉が支配的であるというズレが顕在化してきた点である。

ポストマン（Postman, N.）は、こう書いている。

こうしたことから、青少年の社会的地位にいちじるしい変化がおこった。学校は読み書きのできる大人になる準備のために作られたので、青少年は小型の大人としてではなく、何もかもまったくちがったもの、おとなになり切っていない人間として見られるようになった。学校での学習は、この子ども期の特質と歩調を合わせるものになった。（中略）**児童・生徒（school boy）という言葉が、子どもという言葉と同義語になったのである**(7)。

子どもは、学校の〈まなざし〉を基準に「教育を要するヒト」と見なされ、中学生、高校生にふさわしい髪形、服装、持ち物、言動、生活態度などが厳しくチェックを受けるようになる。それは、工場における製品チェックにも似ている。工業型社会に求められる均質な人材、すなわち時間厳守、規律遵守、勤勉さと知識のストックに精を出すタイプだけが求められる。多様な大人たちに混じって仕事をした、かつての「小さな村人」の面影を、いまの子どもたちに見い出すことはできない。それは、子どもが変わったというよりも、むしろ子どもを取り囲む社会、そして大人の側の〈まなざし〉そのものが、ドラスティックに変貌してきたのだと考えるほかはない。

〈開発パラダイム〉の制度化

元定時制高校教諭の佐々木賢は、現代の子どもの遊びの諸相を分析した論文の中で、現代の子どもたちが、無意識のうちに生産のパラダイムに馴化されていく状況を、以下のように記している。

　学校教育は生産のパラダイムが支配する場である。学歴という抽象的な資格を取るために、時間厳守をして出席し、知識をストックする。そして、将来企業において固定的な役割を与えられ、キャリア形成（企業の中で様々な部署と仕事を覚えていく）していく資質（トレイナビリティ）をこそ、この学校の中でしつけられる(8)。

実際に、高度経済成長を登りつめる過程で、日本の高校進学率は、うなぎ登りであった。一九五〇年には、全国平均の高校進学率は、四二％であったものが、一九五五年に五〇％を越え、その後一気に上昇して、一九七四年に九〇％を越えるに至る。当然のことながら、一九七四年以降の生徒たちにとって、高校は特権的な場所ではなくなる。むしろ義務的、拘束的な場所に変わる。一九九九年の統計では、九六・九％の生徒が高校に進学している。これは全国平均であるから、東京や大阪などの大都市圏の生徒の場合は、ほとんど九九％に近い生徒が高校に進学しているものと考えられる。

また大学進学率を見ると、一九九九年度には四九・一％の生徒が、大学・短期大学に進学しており、ほぼ二人に一人が高等教育を受ける時代になった。同時に専門学校、各種学校が花盛りであり、現代はまさに教育産業(educational industry)の時代である。こうして日本では、高度経済成長期以降、かつての地域共同体に代わって、学校が「人間形成」を一手に引き受けるという状況が生み出されたのである。ほぼこの時期から、子どもは、経済成長を担うための「人的資源」(human resources)と見なされ、学校システムを中心とした能力開発機構に呑み込まれていくのである。

早くから工業化を達成した欧米でも、大都市では、ほぼ同様の状況が見られる。しかし、はじめに紹介した内山節の文章にもあるように、例えば農業国のフランスでは、郊外の農村では、大人の生活を模倣するという〈ミメーシス・パラダイム〉が厳然と生きており、大都市の子どものように、〈開発パラダイム〉にその生活のすべてが搦めとられていない様子がうかがえる。**子どもは、「生徒」であると同時に「小さな村人」として生活し、家庭や地域の仕事にも参加している。**このように、〈ミメーシス・パラダイム〉と〈開発パラダイム〉が同居している状況は、筆者の経験から言っても、近代化の先進国と言われるイギリスやドイツでも共通して見られるように思われる(9)。〈ミメーシス・パラダイム〉の急速な衰えとそれに代わる〈開発パラダイム〉の席巻は、たった二〇年ほどで、欧米を凌ぐほどの驚異的な高度経済成長を成し遂げた日本の「近代化」政策の徹底ぶりを物語るものというほかはない(10)。

ところが、二度にわたるオイルショックで、工業型産業が頭打ちになってくると、大都市とその周辺の子どもが、情報化と消費生活化の大波に呑み込まれていくという、全く新しい状況が生まれつつある。

それまでは、工業化の波に洗われていた子どもの中に、七〇年代後半以降は、〈開発パラダイム〉に加えて〈自己選択パラダイム〉という、情報と消費社会のコードが浸透しはじめる。それは、子どもを〈開発パラダイム〉の息苦しさから解き放つ可能性を生み出すのと同時に、情報と消費行動という次元では、彼らが再び「小さな大人」として大人社会に復帰する可能性をも生み出すことになった。

四　情報・消費社会における「小さな大人」の出現――〈自己選択パラダイム〉と「個我」の解放

消費社会の浸透

よく指摘されることであるが、一九七〇年代以降の子どもには、学校生活であれ、受験勉強であれ、それ以前の子どもに見られた息苦しさが、あまり感じられない。学校の勉強は、ほどほどにこなして、私生活をエンジョイするというライフ・スタイルが広く定着してきた。学校の要求する時間厳守、集団行動、勤勉といった規範からは適当に距離をおき、「目的志向的に」生きるのではなく、「目的探索的に」生きることが常態化しているように見える。

学校内で中学生が直面する「いじめ」に対しても、「いじめる側」と「いじめられる側」とを二分して、「いじめっ子」をみんなで「成敗する」という単純な行動をとらなくなった。「いじめる側」もよくないが、「いじめられる側」にも問題があるというように、状況を相対化して見るクールな〈まなざし〉をもつ子どもが増えた。

「勤勉」、「目的志向」、「時間厳守」、「集団行動」を規範として育った工業化世代の目から見れば、これは、「道徳」や「正義感」の衰弱化であり、見過ごすことのできない由々しき事態であると映る。実際に、それを「〈マジメ〉の崩壊」として嘆く論者もいるほどである(11)。

しかし、それは、それ以前の「目的志向的な」生き方、つまり工業型社会に合致したライフスタイルを基準にして、「今どきの子ども」を一方的に裁断しているだけの印象を受ける。子どもは、大人たちのように、その心性が慣習行動に固定化されていない分だけ、自由であり、社会の新しい波を敏感にキャッチするアンテナに恵まれている。実際に、一九八〇年代以降の子どもたちは、評論家の川本三郎が以下に記述するような生活状況下にある。

> 夜、電車に乗って塾から帰ってきた子どもが、ひとりコンビニエンスストアに寄り、唯一の息抜きの時間としてマンガを立ち読みし、それから健康飲料を買って帰る姿は、もう子どもというより、都市の大人の単身者である(12)。

川本がもう一〇年以上も前に、ややシニカルに描き出した、こうした**大人びた子どもの姿**は、現在では何ら珍しい現象ではない。駅前のコンビニエンス・ストアに立ち寄れば、ごく普通に見かける光景である。私たちの側に、それを物悲しく見る〈まなざし〉すら消えている。コンビニエンス・ストアで、大人が週刊誌を立ち読みするように、子どもがマンガを立ち読みする。ごく当たり前の日常と化した風景。川本が指摘するように、たしかにある時期から、大人と子どもの境界がぼやけてきたように見える。その大きな原因の一つは、情報・消費社会の浸透にある。

すでに述べたように、工業化の段階にある社会では、子どもは大人から引き離され、保護されつつ労働予備軍として、学校という教育空間の中で訓練を受ける。その中で、子どもは〈開発パラダイム〉の洗礼を受け、読み書き算の基礎を修得するばかりでなく、勤勉に(industrial)生きる生き方(M・フーコーの言う「自己のテクノロジー」)までしっかりと内面化する(13)。

ところが、一九八〇年代以降、社会システムが生産優位から消費優位に代わると、大人ばかりでなく、子どもも、その消費の享受者となる。否、むしろ子どもの方が、消費の格好のターゲットとされ、消費社会の恩恵を一身に浴び、消費行動の最先端を走るようになる。こうして、工業化の段階では大人から引き離された子どもが、消費社会の到来によって、再び大人と同一の地平に舞い戻ってくるという状況が出現した。

しかし、まさにこの点に、今日の子どもの置かれた状況を、複雑なものにしている大きな原因があるように思われる。それはどういうことか。

子どもは、家庭や学校では、相変わらず工業型社会を担う人材として期待され、未熟な「生徒」として振る舞うことを要求されている。現在の教師や親たちの世代は、工業型社会の生み出した〈開発パラダイム〉の落とし子である。彼らには、ウェーバー(Weber, M.)の言う「プロテスタンティズムの倫理」やリースマン(Riesman, D.)の言う「内部指向型」に等しい、時間厳守と勤勉のエートス(éthos, 倫理的習慣)が、しっかり内面化されている。しかも、「教育」(education)という〈まなざし〉は、もともと子どもの素質や能力開発に向かうのだから、子どもがこれに抵抗することは難しい(14)。

そこで、「生徒」には、「生徒」にふさわしい髪形、服装で通学し、しっかり勉強に励むことが期待される。ところが、不思議なことに、大多数の教師や親は、その「生徒」が、同時に情報・消費社会の一員として、自分たちと同様の情報を得、消費社会を彩る商品に日夜さらされていることに気づいていない。あるいは気づこうとはしない。現在の中学生、高校生が手にしているウォークマン、CD、ラジカセ、携帯電話、ラルフローレンのベスト、バーバリーのマフラーなどは、**彼らの必要の世界を越えた、記号の世界ですらある。**まさにボードリヤール(Baudrillard, J.)が指摘したように、消費社会の醸し出す象徴と記号の世界を、彼らは生きているのである(15)。

こうして、「消費人」(Homo Konsumens)としての子どもは、大人と同一の世界に帰りつつあるが、ここで注意しなければならないのは、それは、かつての「小さな村人」のように、大人と一緒に家庭や地域の共同の仕事に参加するためでは全くない。ひたすら消費という「個我」の欲望を追求するという点で、現在の大人に似てきたのである。

メディア社会

一九九七年三月から五月にかけて、神戸市で起こった児童連続殺傷事件は、世の親たちを震撼させたが、その容疑者として逮捕された当時一四歳の少年は、自分を「酒鬼薔薇聖斗」と名乗り、警察に挑戦状を送り続けていた。自分が書いた文書の署名を、あるテレビ局の報道担当者が「オニバラ」と読んだことに強い不快感を表す文書まで報道関係者に書き送っている。「人の名を読み違えることなどこの上なく愚弄なことである」(16)と。この少年は、自己の犯罪をテレビや新聞などのメディアが連日報道することに、密やかな快感を抱いていた。それほどに、子どもたちとメディアの関係は密着している。橘川幸夫は言う。

> **メディアはすでに、現実世界と異質な虚構世界ではない。メディアに住まう子どもたちにとって、生まれ育ったところの現実世界そのものだ。** かつてテレビは茶の間に置かれていたが、現在ではテレビの中に茶の間があると書いた人がいる。生活の実体は実体の生活の中になく、無限に開かれた幻影のブラウン管の中にあるのだ。それは、子どもだけでなく、都市のライフスタイルそのものだ(17)。

たしかにテレビは茶の間から消えてゆき、子どもたちの個室に入った。テレビの画面の中に、映像としての「茶の間」や「一家団らん」がさまざまに映し出されるのだ。しかし、現実の茶の間から消えたのは、テレビばかりではない。かつては玄関口や茶の間に置いてあった電話も、今日では、携帯電話のかたちで子ども部屋に移動した。テレビ、コンピュータゲーム、パソコン、携帯電話、こうしたモバイル機器が子ども部屋に侵入することによって、子どもたちは、ほとんど他者を必要とせず、一人で遊ぶライフスタイルを身につけてきた。

外遊び、ごっこ遊びの消滅。電子ゲームの氾濫。バーチャル・リアリティの出現。こうした機器に取り囲まれて、子どもの経験は、ますます他者を排除し、一人よがりの全能感覚や自己愛を増幅させる方向にある。このように、消費社会ばかりでなく、メディア社会もまた、大人と子どもの境界線をますます突き崩す方向で進行している。

「子ども」の消滅

すでに述べたように、「子ども」とは近代社会が生み出した観念である。アリエス(Ariés, Ph.)によれば、中世社会では、大人と子どもの区別は曖昧で、子どもは一定の年齢になれば、遊びでも仕事でも、一挙に大人社会の仲間入りをしたと言われる(18)。情報化と消費生活化の進行した今日、大人と子どもを差異化していた活字文化や労働の形態が様変わりし、大人も子どもも、情報・消費社会という同一の生活空間の中に住みはじめている。

ポストマンは、その著書『子どもはもういない』の中で、テレビを中心としたメディアが大人と子どものかつての区分を解体させ、**子どもの大人化と大人の子ども化とが同時進行しつつある現実**を指摘している。それは、例えば、子どもらしいごっこ遊びの消滅であり、スポーツ、服装、食べ物、娯楽における大人と子どもの境界線の消滅である。彼は、次のように書いている。

過去一〇年、子ども服産業には、大きな変化がおきた。そのために、以前は「子ども服」としてはっきり認められていたものが、事実上消滅した。一二歳の男の子がいまや誕生パーティーに三つ揃えを着て、六〇歳の男が、誕生パーティーにジーンズをはく始末だ。一一歳の女の子がハイヒールをはき、以前は若者らしいくつろぎとエネルギーの見事なしるしだったスニーカーが、今では大人にとっても同じことを表すらしい。(中略)つまり、私たちはいま、服装で子どもを見分けた一六世紀にはじまった傾向の逆をおこなっている。子ども時代という考え方が衰えれば、子ども時代をあらわす目印もいっしょに消えるのである(19)。

これは、アメリカにおける近年の傾向であるが、すでに日本でも同じような状況が広がっている。実際に街で、子ども服やランドセルを見かけることの方が少なくなった。制服を脱いだ中学生、高校生の服装は、男女を問わず、いつしか大人のそれとほとんど同様のものになっている。渋谷や原宿で見かける中学生の服装や髪形は、もう大人そのものといっても言い過ぎではない。女子の場合、そこでは「制服」そのものに希少価値が生ずるという、倒錯化した現象まで生じている。子ども服の消滅は、子どもの消滅という事態が静かに進行していることを暗示している。斎藤次郎は、こう書いている。

子ども文化が、子ども固有の流儀による「対抗」文化である可能性は、次第に乏しくなっている、といえるだろう。バイクや車の運転、飲酒・喫煙の禁止などの法的規制以外に、おとなと子どもの間の境界は埋めつくされてしまったのだ。かつて「子どもの誕生」（アリエス）の時代があったように、いまぼくたちは文化の問題としてみれば「子どもの消滅」の時代に立ち合っているのかもしれない(20)。

産業の近代化とともに、地域共同体から引き離されて、学校の中に囲い込まれた「子ども」は、情報化と消費生活化の進行とともに、再び「小さな大人」の顔をして、情報行動や消費生活を送るようになった。ただし、かつての地域社会に溶け込んだ「小さな村人」が復活したというわけでは決してない。地域共同体が解体した後では、共同体も家族も抑制することのできない、私的欲望を無限に膨らませた「消費人」(Homo Konsumens)としての「小さな大人」が誕生したに過ぎない。情報行動や消費生活によって、自己選択の快適さを知った子どもが、いまや欲望規制の最後の砦となった学校に行く。そこでは、どのような事態が生じているのか。

五　情報・消費社会化の進行と〈開発パラダイム〉との矛盾

心理学者の山下恒男は、現在の子どもが生きる時代を以下のようにまとめている。「文明というものの強大化と人間の無力化」「ハイテク化・情報化」「消費の時代」「未知のものがなくなっていく」「ブラックボックス化」「スペック、性能表による理解」「過密化、個室化」(21)など。しかし、考えてみると、これらは、「大人の社会」そのものであることに驚かざるをえない。現代文明は、大人と子どもを再び同一の空間に包み込みはじめているのである。私たち大人は、そのことに気づいているのだろうか。

だからと言って、むろん子どもの「教育」が不要になったと言うことはできない。読み書き能力の保障もなしに、この社会に放置されるならば、子どもは、グローバル化した強大な文明に呑み込まれ、漂流して果てることが目に見えている。現代社会は、ますます消費や自己選択という名の「自己責任社会」の様相を強くしつつあるからだ(22)。子どもの消滅は、公教育の不要を意味してはいない。問題は、子どもが生きる情報・消費社会のコードと学校のそれとの矛盾やズレをどう考えるかという点にある。

消費社会のコードと〈開発パラダイム〉の齟齬

一九六〇年代以前の「教育問題」（例えば、非行や児童労働のための児童の長期欠席）の多くは、**学校の外部**における家庭、地域社会の貧困に起因するものであったが、一九八〇年代以降の「教育問題」の特徴は、校内暴力、いじめなどのように、その多くが**学校の内部**で生じていることである。その原因は、子どもが空気のように吸い込む情報・消費社会のコードと学校の〈開発パラダイム〉のズレに起因するものが少なくない。

例えば、一九九〇年に神戸市の県立高校で起こった校門圧死事件は、こうしたパラダイム間の衝突が必然的に生み出した一つのジレンマであり、悲劇であった。

この高校では、校則の一つである「午前八時三〇分までの登校」を、全校の生徒達に徹底させるために、かなり以前から教師が交替で遅刻者の監視にあたっていた。そして、時間になると門を閉め、遅刻者を閉め出す指導を行ってきた。ところが、その朝、チャイムが鳴ると同時に駆け込んできた一人の女生徒が、勢いよく閉められた鉄の門扉に頭を挟まれて、即死するという事件が起きた。遅刻者は、いったん校門から閉め出され、罰として、グラウンドを二周走らされることを知っていたので、この女生徒も必死で通用門を走り抜けようとしていたに違いない。

この事件の後、マスコミは、そうした校門指導を許した校長と、生徒が通ろうとするときに、十分な注意もせずに一気に門扉を閉めた体育教師に非難が集中したが、学校側の言い分は、全く別次元のものであった。女生徒が八時三〇分前に登校してさえいれば、こうした悲劇は起きなかったはずだとして、過失を認めるどころか、暗に女生徒の遅刻を責めたのである。学校に一分でも遅刻することは、死にも値する重大な逸脱行為であるかのように。

高校教師たちによれば、実際に、一時限目の授業がはじまる定刻になっても、まだ半数近くの生徒が集まらず、授業中にゾロゾロと教室に入ってくるという状態が日常化しているようである。実は大学でも、これに近い光景はそう珍しいことではない。大学では、授業中に、ペットボトルと携帯電話だけを机上において、教師の講義を聴いている学生も見うけられる。筆者などは、随時学生に質問をし、レポートを度々出させたりして、密度の濃い学習がそこに成りたっていることがわかれば、机上に何を置こうとも、さほど気にならないが、しかし、そうした「学生にあるまじき」受講態度そのものに不快感を抱く教師も、決して少なくないはずである。

したがって、時間厳守と目的合理性という勤勉のエートスを当然のこととする多くの教師たちにとっては、開始時間が過ぎても、平気でだらだらと登校してくる高校生たちの行動は、我慢がならないものであったに違いない。

しかし、この当時、企業ではすでにフレックス・タイムの導入が検討され、出社も退社も、自己選択によって、一定の仕事をこなすやり方が推奨されつつある時期でもあった。

恐らく生徒たちの多くは、教師たちがなぜ定刻までに登校することの指導にそれほど執着していたのかを、不思議に感じていたに違いない。

これ以前にも、一九八〇年代の終わりに、ある中学校の修学旅行先で、禁止されていたヘア・ドライヤーを持ち込んだことが原因で、教師から体罰を受けた生徒が死亡するという事件が起きている。消費生活化の浸透に伴って、「大人の顔」をした子どもたちが増え続けた結果、〈開発パラダイム〉の遂行という役割を背負った学校との軋轢が、教師と子どもの関係を引き裂くことになる。

浮遊化する子どもたち――他者のいない「消費人」

こうして、現代の子どもたちは、産業化の要請で成立した学校の規範と、情報化、消費生活化の波のもたらした欲望の解放、日常生活における自己選択の行動原理の広がりとの間で、大きく揺れ動くことになる。二〇数年ほど前から目立ちはじめた学校をめぐる深刻な問題的状況、校内暴力、いじめ、不登校、高校の中途退学者の増大、そして学級崩壊などは、学校の規範と消費社会の行動様式との甚だしいギャップがもたらした結果であると言うことができる。

子どもたちは、学校では〈開発パラダイム〉（時間厳守、勤勉、目的志向型、役割固定、一元的アイデンティティ）で教育を受け、家庭でも両親からはそうした躾を受けるが、マスメディアや遊び、仲間との交友では、〈自己選択パラダイム〉（フレックス・タイム、浮遊感覚、目的探索型、役割変動、多元的アイデンティティ）の方がはるかに優先している。時と場所に応じて、この二つのパラダイムを上手に使い分けながら生活しているのが、現代の子どもたちの実態であろう。

新しい情報や流行には敏感で、決して周囲から浮き上がることはなく、友達とは遊び感覚でつき合い、嫌われるほど深入りすることはない。学校や塾で試験があれば、ほどほどに精を出して上手にクリアーするが、「ガリ勉」と呼ばれないように、いつも仲間との付き合いには気を配っている。現代の子どもは、学校の要求する「生徒」でありつつも、過剰に「生徒」に適応することを嫌い、家族の一員でありながら、家族とは別世界に生きている。一言でいえば、幼いころから情報と消費の世界を上手に泳ぎ渡る泳法を身につけているのだ。

学校、家庭、塾、友人関係のいずれか一つにアイデンティティを絞り込むなどという、不可能なことは、はじめから考えない。その意味では、まさに「浮遊感覚」や「拡散するアイデンティティ」こそが、彼らのライフスタイルを特徴づける言葉であるように見える。

さて、ここで、本章の最初の疑問に、もう一度立ち戻って考えてみたい。はたして子どもたちは不可解な世界の住人となったのか。彼らは、別世界から飛んできた異星人なのか。以上の記述から、決してそうではないということが、おわかりいただけるであろう。一九八〇年代以降に生まれた現代の子どもは、情報・消費社会の落とし子であり、それ以前の行動慣習から自由である分だけ、新しい社会の空気を実に敏感に、しかもデリケートに吸い込んでいるのである。大人たちは、情報・消費社会のもたらす陥穽を気にするが、子どもたちはそうした社会の生み出す〈自己選択パラダイム〉を胸一杯に吸い込んで、固定化された生き方を避ける「浮遊感覚」を磨いてきているのではないか。

最後に、これまで述べてきた社会構造と子ども観、行動パラダイムの関係性を、簡単な表にまとめておきたい。

社会構造	農耕型社会	工業型社会	情報・消費型社会
子ども観	小さな村人	開発される生徒	小さな大人
人間類型	「一人前」のヒト	homo oeconomicus	Homo Konsumens
人間形成	ミメーシス・パラダイム	開発パラダイム	自己選択パラダイム

六　大人と子どもの「新しい共同性」の構築

現代の子どもの生きる生育環境と文化の大きな変動を、彼らを取り囲む三つの重層的なパラダイム〈**ミメーシス・パラダイム／開発パラダイム／自己選択パラダイム**〉を通して見てきた。そこで明らかになったことは、一九八〇年代以降に生まれた子どもは、家庭や地域社会において、もはや共同生活者として成長するための人間形成装置〈ミメーシス・パラダイム〉がうまく作動せず、学校を中心とした〈開発パラダイム〉の世界に投げ込まれるという点である。学校ばかりでなく、早期教育や各種のおけいこ教室、私塾の繁盛が、それを物語っている。ここでは、子どもは、大人とは区別された「子ども」、「生徒」として振る舞うことを、親や教師から躾けられている。

しかし他方で、子どもは、幼児期からテレビ、コンピュータゲーム、電動玩具などを通して、メディアと消費の世界を存分に享受しており、情報行動や消費行動を通して、自己の欲求や欲望を満たす術《すべ》を知っている。彼らには、自己の行動を規制する他者は存在しないかのようである。子どもたちに人気の高いアニメ『ドラえもん』は、現代の子どもの心性を見事に描き出している。勉強も運動も苦手な「のび太」は、いつも体の大きな「ジャイアン」にいじめられている気弱な子どもであるが、「ドラえもん」が身近にいると、その魔法によって彼の窮地は救われ(23)、その願望は何でも叶えられる。「ドラえもん」と一緒にいる「のび太」は、無力な自己の現実を忘れ、万能感覚でこの世界を飛び回る。

豊かな消費社会に生きる現代の子どもは、情報や消費という「ドラえもん」に後押しされ、全能感覚をもった「のび太」のように見える。私たちは、勉強部屋にいて空想にばかりふけっている「のび太」をこれ以上、メディアや消費の世界に浸《ひた》らせてはならないのではないか。子どもを、閉じられた教育空間や消費空間から解放して、自然、他者、事物とじかに出会う場所に連れ出す必要がある。子どもを大人びた「消費人」としてではなく、家庭、地域社会における共同生活者、すなわちコミュニティを構成する「小さな仲間」として受け入れ、大人と同一の地平で一緒に生活していくことが必要な時期にきているのである。子どもも、大人たちと連帯して、小さな責任をしっかりと果たしながら生きていく社会(コミュニティ)を形成していくことが、求められている。斎藤次郎は、次のように書いている。

近代が子どもを保護と教育の対象として囲い込んだ時代だとすれば、そこを突破して**おとなと子ども**

との新しい共同の時代を切り拓く以外、未来はないとぼくは思う。そのために必要なのは、保護や教育の質を問い直すことであって、放棄することではない(24)。

子どもを学校的世界から解放して、家庭生活や地域社会の責任ある一員として受け入れ、大人と子どもとの「新しい共同の時代」を切り拓くことが、いま切実に求められているのである。

【註】

（1）“homo educandus”（教育を要するヒト）とは、イリイチ（Illich, I.）が学校批判の文脈の中で使いはじめた言葉で、「学校というサービス機関に依存してしか学べなくなったヒト」という意味である。それは、オランダの教育学者ランゲフェルド（Langeveld, M. J.）が、子どもという存在を“animal educandum”（教育されなければならない動物）として人間学的に規定した意味とは、次元が全く異なっていることに注意しておきたい。左記の文献が、この二つの規定の違いを明確にしてくれる。

・I・イリイチ著、桜井直文監訳『生きる思想』（藤原書店、一九九一年、九二頁）。
・M・J・ランゲフェルド著、和田修二訳『教育の人間学的考察』（未来社、一九七九年）。
・和田修二『子どもの人間学』（第一法規、一九八六年、一二九頁）。

（2）内山節『子どもたちの時間』（岩波書店、一九九六年、二九～三〇頁）。強調部分は引用者のもの。

（3）内山節、前掲書、三四頁。強調部分は引用者のもの。
（4）堀内守「人間形成の文明論的地平――人間形成空間の構想」（『教育学講座』第二巻 人間形成の思想、学習研究社、一九七九年、一二一頁）。強調部分は引用者のもの。
（5）Wulf, Ch. (Hrsg.) : *Einführung in die pädagogische Anthropologie*. Weinheim und Basel, 1994, S. 27. 高橋勝監訳『教育人間学入門』（玉川大学出版部、二〇〇一年、二七頁）。
（6）Mumford, L.: *Technics and Civilization*. New York: Harcourt , Brace & World, 1934. p.136.
（7）N・ポストマン著、小柴一訳『子どもはもういない――教育と文化への警告』（新樹社、一九九一年、六七頁）。強調部分は引用者のもの。
（8）佐々木賢「禁じられた遊び」（斎藤次郎他編『遊ぶ・たのしむ』〈同時代子ども研究 第五巻〉、新曜社、一九八八年、二八六〜二八七頁）。
（9）筆者は、一九九五年五月から翌年三月にかけて旧文部省の長期在外研究員として、ベルリン自由大学に留学したが、その間に、ベルリン市とブランデンブルク州を中心として数多くの学校、社会教育施設、家庭を訪問した。ブランデンブルク州はもとより、大都市のベルリン市内ですら、子どもたちが、家庭、学校、地域で実に多くの仕事や役割を担って生活していることが印象的であった。
（10）以下の著書は、大人と共に暮らす「共同生活者」としての子ども像が、高度経済成長期を転換期として衰退していく過程を、一〇年単位で追跡、検証したものである。そこでは、〈ミメーシス・パラダイム〉の衰弱化とそれに逆比例するかたちでの〈開発パラダイム〉の台頭の状況が、詳しく分析されている。高橋勝・下山田裕彦編著

『子どもの《暮らし》の社会史——子どもの戦後五〇年』(川島書店、一九九五年)。

また、それ以前に出版された以下の拙著も、ほぼ同様の問題意識に基づいている。拙著『子どもの自己形成空間——教育哲学的アプローチ』(川島書店、一九九二年)。
(11) 千石保『〈マジメ〉の崩壊——平成日本の若者たち』(サイマル出版会、一九九一年)。千石保『〈マジ〉の哲学——平成若者論』(角川書店、一九九六年)。
(12) 川本三郎「子ども時代の喪失」(『毎日新聞』一九八七年一月二〇日、夕刊)。
(13) M・フーコー他著、田村俶・雲和子訳『自己のテクノロジー』(岩波書店、一九九〇年、六〇頁)。
(14) 一九七〇年代末から、日本では不登校の児童・生徒が激増してくるが、それは、ちょうどこの時期から欧米で「脱学校」、「反教育学」の思潮が噴出してくるのと期を同じくしている。両者に共通するのは、教育、学校を無条件に善きものと考えてきた近代の教育学的思考(開発パラダイム)に対する生理的とも言える拒絶反応である。
・A・ミラー著、山下公子訳『魂の殺人』(新曜社、一九八三年〈原著は、一九八〇年出版〉)。
・C・H・マレ著、小川真一訳『冷血の教育学』(新曜社、一九九五年〈原著は、一九八七年出版〉)。
(15) J・ボードリヤール著、今村仁司・塚原史訳『消費社会の神話と構造』(紀伊國屋書店、一九九〇年)。
(16) 高山文彦『「少年A」一四歳の肖像』(新潮社、一九九八年、一一八頁)。
(17) 橋川幸夫「メディアと子どもたち」(斎藤次郎他編、前掲書、一八七頁)。強調部分は引用者のもの。
(18) Ph・アリエス著、杉山光信・杉山恵美子訳『〈子供〉の誕生』(みすず書房、一九八六年、七〇頁)。
(19) N・ポストマン、前掲書、一八八〜一八九頁。

(20)　斎藤次郎『〈子ども〉の消滅』(雲母書房、一九九八年、三七頁)。
(21)　山下恒男『子どもという不安――情報化社会の〈リアル〉』(現代書館、一九九三年、二〇一頁)。
(22)　現在、文部科学省が推し進めている子どもの「生きる力」の増強を基調とした教育改革の背景には、一九八〇年代に臨時教育審議会で議論された教育の自由化、規制緩和とそれを支える「自己責任社会」への対応という政策課題が貫かれていると見ることができる。
(23)　本田和子は、以下の著書で、今日の子どもの遊びにおいては、「『なにものかの操作を介して』ことがらを成就するという間接性が支配的となってきた」事実を、豊富な事例を通して、立証している。本田和子『変貌する子ども世界』(中央公論社、一九九九年、一一一頁)。
(24)　斎藤次郎、前掲書、一四頁。強調部分は引用者のもの。

第二章　子どもの自己形成空間の変容
——高度経済成長期を転換期として

一　「自己形成空間」とは何か

「発達」と「社会化」の対立軸を越えて

子どもをめぐる問題で、「発達」や「社会化」という概念だけでは、到底説明できない状況が、近年生じてきている。「発達」(development, Entwicklung)とは、いうまでもなくダーウィンの進化論の影響下で形成されたヨーロッパの新教育運動に共通するキーワードで、子どもの自由な自己活動(self-activity, Selbsttätigkeit)を通して、その内に潜在する能力が展開されていくとみる見方である。そこには、前近代的因習にまみれた「大人」たちから「子ども」を引き離して、学校という教育空間の中に囲い込み、そこでの教育行為を通して、子どもの「発達」を援助するという近代教育学に固有のパラダイムが潜んでいる。

これに対して、「社会化」(socialization)という概念は、デュルケムに見られるように、「子ども」、「発達」、「教育」という近代教育学の方法論的個人主義を真っ向から批判する概念として誕生し、ここでは逆に、

「社会」が実体化されることになる。「子ども」や「発達」ではなく、集団化に即した「社会化」こそが人間形成の現実的な基底であると主張される。

こうして、近代教育学は、「発達」の実体化と「社会」の実体化の両極の間を大きく揺れ動いてきたが、一九七〇年代以降こうした二項対立図式そのものが疑問視されてきている。とりわけ近年の現象学的教育人間学（pädagogische Anthropologie）の視点から見るならば、いずれの立場も、**人間の自己形成過程における生（Leben）の自己組織的な側面（オートポイエティックな関係性の増殖過程）**の重要性を見落としてきたことが明らかになる。

そこで、本章では、一九九〇年代以降のドイツにおける教育人間学の方法を踏まえながら、現代の子どもの「自己形成空間」の変容を分析する視点を提示したいと考える。

〈関わり合い〉が織り成す自己形成空間

ドイツ語の“Bildung”は、教養、陶冶などと訳されているが、この元来の語義は“Bildungsroman”（教養小説）からも分かるように、**「ひとが旅の途上で、多様な場所に身をさらし、異質な他者と出会うことで、自己を織り上げていく営み」**を示している。「自己形成」（sich bilden）とは、予め「自己」なるものが実体として内にあって、それが「開発されていく」のではなく、他者との多様な出会いの中で古い自己を解体させ、新しい自己を再生させていく（＝織り上げていく）投企的行為として理解することができる。そこで、子どもの「自己形成空間」(Selbstbildungs-raum)を、とりあえず「子どもが、さまざまな他者、自然、事物と〈関わり合う〉なかで徐々に織り成されていく意味空間であり、相互に交流しあう舞台である」(1)と定義づけておきたい。それは、ドイツの哲学者O・F・ボルノーの言葉でいえば「体験された空間」(erlebte Raum)と言いかえることもできる(2)。その特徴は、以下の三点にある。

① それは、物理的な等質空間というよりも、そこで人々が出会い、多様な関係性(物語)を織り上げることのできる象徴的な場所(topos)をさしている。

② それは、対象を一方的に操作する場所ではなく、能動性と受動性とを内に含んだ「相互的かつ受苦(pathos)的な場所」をさしている。

③ それは、無意識のうちに「古い自己」の解体と「新たな自己」の再生が進行する自己生成(Selbstwerden)のきっかけを生む場所である。

二　高度経済成長期以前の自己形成空間

このように「自己形成空間」を理解するならば、一九六〇年代以前の子どもの生活世界には、そうした空間が豊かに息づいていたといえる。思想史家の藤田省三氏は、かつての子どもの代表的な遊び「隠れん坊」を取り上げて、そこには、子どもが多元的世界に参加しうる「原初的経験」が仕組まれていたことを明らかにしている(3)。

ジャンケンで負けて鬼となった(異界に追放された)子どもが、じっと息をひそめて隠れている(仮死状態の)仲間を探しながら、神社の境内を彷徨する。鬼がついに仲間を見つけ出すことは、鬼が元の人間に戻り、同時に仲間も仮死状態から生き返ることを意味する。この遊びには、今日の遊びのような能力競争の要素がない。あるのは、むしろ相互行為と相互救済の構造である。こうした構造は、無論「隠れん坊」ばかりでなく、「鬼ごっこ」「花いちもんめ」「子とり」「かごめかごめ」などの遊びの中にも仕組まれており、そこに、子どもの「異界体験」と「共同性の獲得」という物語が隠されていた。これらの伝承遊びに含まれる空間を、そのまま子どもの「自己形成空間」と読み替えることができる。その特徴をまとめて言えば、以下のようになる。

第一に、それは、現代の子どもからは見失われた〈死〉と〈再生〉の秘儀的空間、通過儀礼の空間の色彩を色濃くもっていた。子どもは遊びの中で、こうした日常と非日常の反転する世界を経験し、日常的世界を越えた多元的世界を身をもって感じ取ることができた。

第二に、これらの遊びは、決して単独でできるものではなく、つねに〈他者〉との出会いによって自己が救われ、もとの日常に復帰できるという構造を具えていた。他者との相互的な〈関わり合い〉なしには、これらの遊びは成立しない。

第三に、これらは、勝ち負けを競う遊び、すなわちカイヨワの言うアゴン(競争)としての性格をもつ遊びでありながら、同時に、勝者は敗者によって、敗者は勝者によって互いに救い出されるという見事な相互救済の構造を具えている。個人が勝敗によって選別されるという二元的発想そのものが、ここにはない。

要するに、敗戦直後の民主化政策にもかかわらず、一九六〇年代以前の日本の子どもの社会的世界では、〈死〉と〈再生〉、〈他者〉との出会い、共同性の獲得という遊びの構造がまだ色濃く残されており、象徴的意味における〈死〉と〈再生〉、〈他者〉の存在などの要素が、子どもの自己形成空間を構成していたと考えられる。

三　「教育空間」の浸透と自己形成空間の衰退

ところが、高度経済成長と高校進学率の増大とともに、**そうした相互的な〈関わり合い〉の場としての自己形成空間**は衰弱化の一途を辿り、子どもは**〈教える―学ぶ〉関係を基本とする「学校的空間」**に次第に取り込まれていく。〈教える―学ぶ〉関係からなる「教育空間」は、子どもの素質、能力の開発を意図した操作的空間である。大人と共に暮らすという「生活者」としての臭いは脱臭され、子どもは「大人」から区別された、生活臭のない「児童、生徒」として扱われるようになる。それまでは大人の仲間であり、生活の手助けすらしていた子どもは、未熟な「教育を要するヒト」(homo educandus)に変わり、教師から一方的に理解され、指導を受ける対象となる。

それは、子どもが、自ら関係性を増殖する場としての自己形成空間から切り離され、〈教える—学ぶ〉関係という近代教育学の射程の中にすっぽりと収められたことを意味する。子どもは、多様な関係性の中で「自己」を形成するのではなく、学校という「教育空間」の中で「教えられ」ながら、その資質や能力を「開発していく」ことを期待される。ここで言う「教育空間」の特徴は、主に以下の三点である。

① 「大人」と明確に区別された未熟な「子ども」（教育を要するヒト）という**二項対立的な子どもの見方**が、すっかり定着する。

② 子どもの成長を、意図的な〈教える—学ぶ〉という場面でしかとらえることができず、子どもの冒険や精神的彷徨などの**多様な世界への越境**には、ほとんど価値をおかない。

③ **挫折、病、老い、死**といった「発達のマイナス要因」を「教育空間」から排除して、教育行為の効率化をはかる。

こうして、高度経済成長期に、日本の子どもたちは「教育空間」にすっかり包摂され、大人と共に暮らすという、かつての「生活者」としての臭いが脱臭されていったのである(4)。さらに、一九八〇年代以降の①急速な産業化（能力の効率的開発）、②都市化（空き地・原っぱの消滅）、③情報・消費生活化（人間関係の間接化）の進展は、子どもの「自己形成空間」の衰弱化に一層の拍車をかける結果をもたらした。

四　子どもの自己形成空間の再構築

「教育空間」の再編への動き

ところが、一九七〇年代後半以降、ポスト産業社会化の進行、情報化、消費社会化などによって、「大人」と「子ども」の双方が情報行動や消費行動を共有するようになり、「大人」と「子ども」の境界が見えにくくなるという、文明史的に見てもきわめて重要な変化が深く進行しはじめる。この変化は、それまで子どもを「児童、生徒」として囲い込んできた学校という「教育空間」の正統性をも揺るがす事態を生み出したのである(5)。

一九八〇年代以降の不登校、高校の中途退学者の増大、学級崩壊などの現象は、もっぱら「教育を要するヒト」(homo educandus)と扱われてきた子どもの側からの生理的な拒絶反応のようにも見える。子どもの世界に「教育空間」を張り巡らせて、効率的に教育を行うという近代教育学の限界が、今や誰の目にも明らかになった(6)。こうして、一九八〇年代後半(臨教審最終答申、一九八七年)以降は、学校の「教育空間」性を和らげて、その中に「自己形成空間」の要素を積極的に取り入れようとする行政側の政策が目立つようになった。

例えば、二〇〇二年度からの完全学校週五日制の実施、「自分探しの旅としての学習」という教育スローガン、教育課程における「総合的な学習」の導入、教育方法における体験学習やボランティア学習の奨励、

Co-Teaching Staff(7)の導入や地域人材の活用、学校建築のオープン化などが、それである。学校の「教育空間」性を和らげようとする行政側の努力はたしかに評価できなくはない。しかし、現在進行中の子どもの自己形成空間の衰弱化という文明史的な危機に正面から立ち向かうことをせず、相変わらず学校中心の教育システムのままで、技術的に対処しようとする姿勢には、疑問が残るのである。

それでは、「教育空間」が深く浸透しきった今日の社会で、どのようにすれば、子どもの「自己形成空間」を蘇生させることができるのか。この課題の複雑さと困難さをまず認識した上で、その可能な方途を最後に示唆しておきたい。

子どもの自己形成空間の再構築に向けて

①〈自ら学ぶヒト〉(homo discens)としての子ども

子どもを大人と差異化して見る近代の教育学的コードが、現在問われているのではないか。子どもを、発達途上の未熟な〈教育を要するヒト〉として見るのではなく、多様な関係性の網の目の中で、「自己」を限りなく分散化させつつ新たな「自己」を再構築して生きる**「自己組織的な生命体」**として理解することが、求められているのではないか。

そのためには、子どもを「教育空間」(学校)の中へ囲い込むという発想自体を止める必要がある。子どもを、学校から家庭や地域に返すという発想でもなく、子どもは、どの集団(システム)も占有できない自律的な存在であることを自覚する必要がある。むしろ多様な集団を泳ぎ渡る「小さな生活者」、〈自ら学ぶヒト〉(homo discens)として子どもを受け入れ、彼らの関係性を限りなく広げていくという方向で、人間形成を考えるべき時期にきている。学校は、多様に広がる子どもの「自己形成空間」のほんの一場面に過ぎなくなっている現実を自覚すべきであろう。

② 子どもの居場所づくり

高度経済成長期以前の子どもは、原っぱや雑木林、路地裏というアナーキー・スペースを舞台にした自己形成空間に恵まれていたが、そこは、子どもたちが多様な関係性を織り上げる場所であると同時に、彼らの存在を丸ごと受け入れる「居場所」でもあった。それでは、今日の子どもたちの居場所は、一体どこにあるのだろうか。

原っぱは消滅し、道路は舗装され、高層化された団地のどこに、子どもの居場所があるのだろうか。子どもは、自分の個室に籠もって、携帯電話や電子メディアを通してしか、他者とのつながりを持てないように見える。子どもたちが互いに出会い、一緒に遊んだり、戯れたり、ケンカをしたりする場所、彼らがたむろできる居場所として、青少年センターや公共施設を構想する必要があるのではないか。それは、「子ども用」の施設を造るというのではなく、大人も子どもも高齢者も入り交じりながら、異世代が出会い、交流できる場所を構想すべきであると考える。

③　諸刃の剣としてのメディア空間

現代の子どもは、家庭、学校、塾、メディア空間、地域といった、それぞれ別次元のシステムを横断しながら生活している。かつての子どもに疲労感があまり見られず、今日の子どもがストレスを多く抱えているように見えるのは、子どもの行き来する集団（システム）が多次元化し、複雑化してきたからである。

現代の子どもの自己形成空間を考える上では、もはやメディア空間を無視することはできない。そこでは、インターネットを媒介にした匿名の人間関係に見られるような、かつての子ども同士の〈関わり合い〉とは、質的に大きく異なった新しいネットワークができ上がりつつある。しかし、注意すべきことは、この新しいネットワークは、彼らの情報行動を限りなく広げると同時に、他者との身体的接触や葛藤などの「受苦的経験」の機会を奪う機能をも果たしているという点である。

メディア空間は、子どもの自己形成空間の一部にはなりうるが、決してそのすべてに代わることはありえない。他者との〈関わり合い〉という直接経験の領域こそが、子どもの自己形成空間を構成する重要な要素であり、またそうした経験こそが、彼らの生を支えるものであることを、最後に強調しておきたい。

【註】

(1) 高橋勝『子どもの自己形成空間——教育哲学的アプローチ』(川島書店、一九九二年)。
(2) O・F・ボルノー著、大塚恵一他訳『人間と空間』(せりか書房、一九八三年)。
(3) 藤田省三『精神史的考察』(平凡社、一九八五年)。
(4) 高橋勝・下山田裕彦編著『子どもの〈暮らし〉の社会史——子どもの戦後五〇年』(川島書店、一九九五年)。
(5) 拙稿「人間形成における〈経験〉の位相——「現実」の多義性と「経験」の異化運動を中心に」(小笠原道雄監修『近代教育の再構築』、福村出版、二〇〇〇年)。
(6) 高橋勝『学校のパラダイム転換——〈機能空間〉から〈意味空間〉へ』(川島書店、一九九七年)。
(7) 研究代表・高橋勝「Co-teaching stuff に関する研究」(『横浜国立大学大学改革推進経費調査報告書』、一九九九年三月)。

【参考文献】

・イーフー・トゥアン著、山本浩訳『経験の空間』(筑摩書房、一九九〇年)。
・Ch・ヴルフ著、高橋勝監訳『教育人間学入門』(玉川大学出版部、二〇〇一年)。
・河本英夫『オートポイエーシスの拡張』(青土社、二〇〇〇年)。
・加藤政洋／神田孝治「旅と周縁の空間」(『現代思想』、青土社、一九九九年一二月)。
・拙稿「教師のもつ『権力』を考える」(佐藤学他編『教師像の再構築』〈講座 現代の教育 第六巻〉、岩波書店、一九九八年)。本書、第一二章に収録。

・拙稿「ゆれる現代の子ども像——子どもの生育環境としての現代社会」(門脇厚司他編『迷走する現代と子どもたち』、東京書籍、二〇〇〇年)。本書、第一章に収録。
・拙稿「教育人間学の課題と方法——Ｃｈ・ヴルフの歴史的教育人間学を中心に」(『横浜国立大学教育人間科学部紀要Ⅰ(教育科学)』第三巻、二〇〇〇年一一月)。

第三章　少年の孤独とニヒリズム

一　「大人」対「子ども」という不毛な対立図式

一九九七年三月から五月にかけて神戸市で小学生連続殺傷事件が起こり、その容疑者として中学三年の少年が逮捕されたことは、まだ記憶に新しい。残忍な犯行の容疑者が、なぜ一四歳の少年なのか。大人たちは、この事実に強い衝撃を受け、「子どもがわからなくなった」と嘆く教師や親の声が後を絶たない。

ところが、この事件を知った同世代の中学生たちの反応は、必ずしもそうではなかった。「あの事件は、自分たちと決して無関係ではない」、「ボクたちの世代なら、こうした犯罪もありうる」という淡々とした声が、少なからず聞こえてきたからである。

この事件は、期せずして、大人と子どもの間の意識の大きなズレを浮かび上がらせる結果となった。大人たちは、中学生を純粋無垢な「子ども」という枠の中で理解し、その「子ども」が、こともあろうに自分を信頼していた小学生を絞め殺し、その首を切断して校門の前に置いたという事実に戸惑いを隠せなかった。ところが、同世代の中学生たちは、それは自分たちと全く無縁な行為ではないと実にクールに受け止めているのである。

この事件以来、一四歳は、はたして「大人」なのか、それとも「子ども」なのかという二項対立の不毛な議論が続けられている。しかし、一四歳の人間を、「中学生」という学校教育のカテゴリーや「子ども」という大人との対称関係でしか理解できない私たち大人の意識の側に問題はないのだろうか。

近年続発している中学生の「いじめ」、ナイフによる教師や仲間の殺傷、警察官への襲撃などの問題は、もはや「教育問題」の枠を越えた「社会問題」と言うべき様相を呈している。それは、教師や親の努力の欠如といったレベルを越えて、「教育を要するヒト」(ホモ・エドゥカンドゥス、homo educandus)「生徒」としてしか扱われなくなった子どもからの復讐という側面がきわめて濃厚なのではないかと筆者は考えている。子どもを見る私たち大人の〈まなざし〉そのものに問題はないのだろうか。

二　〈ホモ・エドゥカンドゥス〉としての子ども——「子ども」の囲い込み

よく知られているように、Pädagogik(教育学)というドイツ語は、もともと「子ども」(pais)を「導く」(agein)というギリシャ語に起源を有する。ギリシャ語で「パイダゴーゴス」(Paidagogos)といえば、上流階級の子弟を学校(scholé)にまで道案内をする年老いた召使いを意味していた。近代において自覚化された教育意識は、その出生身分にかかわらず、あらゆる子どもをその「未成熟状態」から脱却させ、理性的で自立した状態へと導く技術を生み出した。それが教授学(Didaktik)であった。

近代教授学の祖として知られるコメニウスは、その教授学の特徴を、当時普及しつつあった活字印刷術(Typographia)になぞらえて、「教授印刷術」(Didakographia)と名づけた。**ここでは、教師が印刷工に、子どもが印刷用紙に、教科書が活字に、学校の規律が圧印機に譬えられている。**印刷工場にたとえられる学校で、教師は、あらゆる階層の子どもたちに、教科書に示される内容を、確実に、速やかに教えていく。「確実に、速やかに、楽しく」(facile, cito, tuto)、これが、コメニウス教授学のスローガンであった。

そこには、戦乱状態の中で放置された下層階級の子どもたちに、読み書き算の基礎を与えようとする教授学者の願いが込められている。子どもを混乱した社会から隔離して、理想的な教育空間の中で、組織的に望ましい教育を施そうとする願望。それが「ホモ・エドゥカンドゥス」(教育を要するヒト)としての「子どもの発見」をもたらした。

一七六二年に発表されたルソーの『エミール』第一編の最初の個所に、「あなたの子どもの魂のまわりに早く垣根をめぐらしなさい」という有名な言葉がある。当時の身分制差別や貧困、疫病などの渦巻く封建的共同体から子どもを引き離して、家庭教師や学校教師の手で子どもを育てなさいという主張である。それまでは「小さな大人」として、親や地域の人々の間で戯れていた子どもたちが、近代の学校が整備されるに従って、教育的配慮に満ちた空間の中に集められるようになった。地域で群れて遊び、労働さえしていた「小さな大人」たちは、いつしかクラス単位で教育を受ける「生徒」になっていった。『〈子供〉の誕生』のなかで、Ph・アリエスが詳細に描き出したように、こうした近代人の〈まなざし〉を受け入れることで、子どもは〈子ども〉として自ら振舞うようになった。ロマン主義の潮流のなかで、天使のように可愛らしい子ども、純粋無垢な子どもというフィルターが形成されてくる。子どもは教育機会を均等に与えられて、それまでの偶発的で徒弟的な人間形成から解放されることになった。それは、たしかに進歩と言えるかもしれない(1)。

しかしながら、近代化の進展とともに、子どもは保護されるべき者、教育されなければならない者と見なされ、その生活の大部分を学校という教育空間のなかで過ごさなければならなくなった。子どもの学校への囲い込みの進行である。学校教育制度が整備され、後期中等教育を受ける者が同年齢の九〇％以上になると、学校は子どもにとって、もはや解放的な場ではなくなり、義務的、拘束的な場に変わる。子どもは、多様な人間関係や労働の世界から隔離され、抽象化された世界にますます追い込まれてくるからである。それは、M・フーコーが指摘したように、産業化とともに、犯罪者や精神病者が特別の監視機関の中に隔離されていく経緯と見事に合致している。

近代化が達成されるまでは、生産力の向上や社会進歩という「大きな物語」（J・F・リオタール）が、子どもが学校に通う意味を歴史的なコンテクストで支えていた(2)。しかし、一九七〇年代の半ば以降、高度経済成長が終わり、社会進歩という「大きな物語」の後ろ盾を失った後でも学校は、相変わらず子どもの進歩、発達、学力の向上だけを奨励してきた。社会が安定成長の時代になり、暮らしの質を問う時代に入っても、まだ学校だけは、子どもに「無限の能力の開発」を期待してきたのである。一九七〇年代半ば以降、とくに中学校で校内暴力、「いじめ」、不登校、学級崩壊といった病理現象が続発してきた背景には、ポスト近代社会における学校の「能力開発」至上主義への生徒たちの無言の抵抗を読み取ることもできる。

三　中学生たちのポスト・モダン感覚

それでは、現在の中学生たちは、学校をどのように見ているのだろうか。

二〇〇〇年六月に、神奈川県藤沢市教育文化センターで、藤沢市内の中学三年生の男女全員、三一七〇名を対象に「学習意識調査」を行った(3)。それによると、「あなたが学校に通う一番大きな理由はなんですか?」という質問に対する回答は次の通りである。「友達と過ごしたいから」三七・四%、「将来のため」三二・四%、「義務教育だから」二〇・六%。「勉強」をしたくて学校に来るという生徒は、驚くなかれ、わずか二・六%しかいない。大多数の生徒は、「友達と過ごしたいから」学校に来ているのである。

また「学校のなかであなたが一番大切に思うものは、次のうちどれですか?」という質問に対する回答は、彼らの意識を如実に反映している。「友達づきあい」七六・一%、「勉強」九・五%、「部活・クラブ」八・八%。とりわけ女生徒の場合は、「友達づきあい」が八二・八%にも達している。受験を約半年後に控えた中学生が学校で一番大切にしていることは、「勉強」でも「部活」でもなく、「友達づきあい」なのである。

こうした結果を見て、読者はどう考えるであろうか。学校はしっかり勉強を教える場なのだから、彼らにもっと毅然とした指導をすべきだ、という意見もあるかも知れない。しかし、それでは、彼らをますます「子ども」、「生徒」という近代教育学の枠のなかに押し戻すだけのことで、事態は一向に改善されないであろうと筆者は考えている。

学校のなかに囲い込まれた中学生たちは、いまや窒息状態で、親や教師を含めた多様な大人、仲間たちと交わることを切実に求めているのである。ところが、学校や親の側は、彼らを相変わらず「子ども」扱いして、「勉強」や規範の世界に押し戻そうとしている。ここに、現代の子どもたちのおかれた不幸の根源がある。

しかし、子どもを「教育を要するヒト」、すなわちホモ・エドゥカンドゥスとしてのみ見なすのではなく、自分の力で多様な関係性を築き上げ、他者と共にその世界を生き抜いていこうとする「生活者」の一人として受け入るべき時期にきているのではないか。子どもが、学校教育という制度の枠から解き放たれて、自然や多様な人間関係の海で泳ぎ回るチャンスをもっと広げるべきではないか。遊び、労働、関わり合いといった「生活者」としての感覚を取り戻すことが、いま切実に求められているのではないか。

近代教育学は、学校だけが子どもの発達を助成できるというパラダイムを生み出した。そこでは、「学校」や「教育」が「子ども」という観念を生み出し、彼らを家庭や地域から引き離して、生活者の力をそぎ落としてきたのではないかという反省は、残念ながら生まれようがない。

四 「他者」不在の無機的世界

神戸市で児童連続殺傷事件を起こしたとされる少年は、『文藝春秋』(一九九八年三月号)に掲載された文書を見ると、見事に自律的に行動している。予め描いた観念のストーリーに従って周到な準備を重ね、実行に移している。被害者に対して、何か思うことはないか、という質問に対しても、「とくにありません」と冷静に答えている。自分で目的を設定し、その目的に合う行動を自ら実行できるという点では、少年Aはすでに立派な大人であると言ってよい。

しかしながら、そこには、何か大事なものが欠けていると私は思う。それは何なのか。それは、これまで述べてきた「生活者」としての臭いや感覚である。あるいは、他者との〈関わりあい〉という相互性の世界の欠落である。

あの膨大な調書のなかで、家族や遊び仲間、学校の教師との関わりを示す箇所を探してみると、わずか二カ所に過ぎないことがわかる。一つは次の箇所である。

「家に帰ると、お母さんが僕に、B君が、何かおらんようになったみたいよ、と言いました。僕は、B君を殺して来た等とは言えないので、お母さんには、ふうーん、と返事しました」。

母親との実に冷静で無表情な会話。この少年にとって母親は、もはや関わりあう相手ではない。全く別世界を生きる同居人に過ぎない。

もう一箇所は、B君の首を隠し持って自宅に向かっていたときに、少年が卒業したT小学校の方から歩いてくる女性とすれ違う場面である。彼はこう述べている。

「その人は、僕がT小学校に通学している時に、T小学校で見たことのある顔の人でしたので、僕は、T小学校の先生か職員の人だと思いました。……ただ、その女の人と僕の目が合った訳でもなく、女の人が僕を覚えているかどうかは分かりません」。

自分が通った小学校の先生との互いに無関心なすれ違い。少年は、他者とのやり取りの欠けた無機的な世界に、いつも一人で佇んでいるように見える。例えば、毎朝自宅でする朝食の風景は、少年の孤独を象徴している。

「五月二六日の朝も、いつものように、午前一〇頃、起きました。そして、いつものように一人で、朝食兼昼食みたいな感じで、食パンを焼いて、紅茶と一緒に食べました」。

人のぬくもりも笑いもない荒涼とした空間のなかで、少年はただ一人パンを焼いて食べる。そのような日常性。

小学校四年の女子をハンマーで殴り殺し、B君を絞殺した犯行の唯一動機らしきものは、祖母の死であったと少年は供述している。少年が母親から厳しく叱られた時などに、彼は祖母の部屋に逃げ込むことがあったという。祖母の部屋だけが少年の避難場所であり、心なごむ場所であったようだ。しかし、彼が小学校五年の時に、可愛がってくれた祖母が亡くなる。その頃から、なめくじや蛙の解剖が始まり、六年になると、猫の首や足を切り落とすようになった(4)。

ここには、大きな飛躍がある。祖母の死に直面した経験のある小学生は限りなくいる。しかし、彼らは、「死とは何か」を蛙や猫の解剖で確認しようとはしないだろう。少年が動物ばかりか、人間までをも殺害して確認しなければならなかった「死」とは何だったのか。ここには、近代の教育学が無視し続けてきた生と死の深い闇の世界が広がっている。

リアリティの解体。無機的な生活世界。他者の不在。そして「バモイドオキ神」という自分だけの神。その観念の繭で紡ぎ出された生命喪失の物語。その手記にあるように、「人間の壊れやすさを確かめる聖なる実験」を、少年は忠実に実行しただけのことなのかも知れない。この現実は、もともと空虚なものでしかないのだから……。

人間の生や死の身体感覚、病いや老いという生命の根源的感覚を、「子ども」の世界から排除してきた戦後の教育学に大きな問題はなかったのだろうか。

五　〈ホモ・ディスケンス(homo discens)〉としての子ども——経験・他者・関係性

子どもをホモ・エドゥカンドゥス(教育を要するヒト)として保護し、教育することを通して、確かに子どもには一定の知識や規範が与えられたかもしれない。しかし、学校教育の普及によって、子どもは学校のカリキュラム(走路)上を走る以外に生きてゆく道が閉ざされてしまったことに、私たちは気づく必要があるのではないか。人が生きるということは、プログラム化された教育を受け、プログラム化された走路を走るということではなく、**この広い世界のなかで、他者と出会い、知識を学び、その生活世界を何度も発見し直していくことではないのか。**

すなわち、子どもを単なるホモ・エドゥカンドゥスとして見なすのではなく、ホモ・ディスケンス(自ら学ぶヒト)として、その学ぶ力や挑戦する力を徹底して信頼し、その生活を彼ら自身に委ねていくことが必要なのではないか。**いま子どもに必要なのは「教育」ではなく、「生きる知恵」や「学びの技法」の習得である。あるいは失敗や挫折の経験から学び、再起できる力を養うことである。**

ひとが「経験する」ということは、少年Aの行った「実験」とは似て非なるものであることを、ここで強調しておかなければならない。ドイツの教育哲学者O・F・ボルノーは、「経験」を次の二つの意味に区別している。

一つは、ドイツ語で"empirische Wissenschaft"(経験科学)という時の「経験」(Empirie)である。この語は、ギリシャ語の"peirao"から派生しており、もともとは「試みる」「テストする」という意味である。"Empirie"は、いわば「実験」と言うにふさわしい経験であり、自然に対する意図的、計画的な「問いかけ」において成立する。この経験は、反復可能である。それは、言うまでもなく自然科学の成立根拠でもある。

しかし、ドイツ語には、実験とは全く次元の異なったもう一つ別の「経験」がある。それは、もともとは「旅をする途上で、思わぬ出来事に身をさらす」という意味を含んだ"fahren"から派生した「経験」(Erfahrung)である。前綴りの er は、到達地点に至るまで耐え抜くことを意味している。この「経験」には、旅の途上で自分の身体に被った苦痛や苦難の痕跡が深く滲み込んでいる。ボルノーも言うように、「経験とは、受け身(Erleiden)の行為であり、人生の苦難に投げ出されていること」[5]なのである。それは、あらゆる予測を越えた事態であり、不意に襲ってくるものを、人は身の苦痛に耐えて受け止めるしかない。

このように、ボルノーは「経験」を、①計画的な「問いかけ」において成立するもの（Empirie）と、②予測を越えて、心ならずも耐え忍ぶもの（Erfahrung）とに分け、人間の精神的成熟にとって、後者の経験の積み重ねを不可欠なものと考えたのである。

「経験」が本来的に有する受苦的性格については、哲学者の中村雄二郎氏も指摘している。中村氏は、古代ギリシャの諺《ta pathemata, mathemata》を、**「受苦せしものは、学びたり」**と訳し、「ひとが〈経験によって学ぶ〉のは、ただなにかを体験するからではなく、むしろそこにおいて否応なしに被る〈受動〉や〈受苦〉によってであることが、よく示されている」[6]と述べている。

こう見てくるならば、神戸市の少年Aが行ったことは、明らかに周到に準備された「実験」であった。少年は、まさに「人間の壊れやすさを確かめる聖なる実験」を行ったのだ。犯行時の少年の眼は、冷ややかな観察者の〈まなざし〉であったろう。そこには、首を絞めた相手がもがき、苦しむ様をレンズのように、冷徹に写し撮る〈まなざし〉だけが存在する。この少年には、他者と関わり合う過程で、自己が傷ついたり、苦痛を負ったりする「経験」の世界が、なぜかスッポリ欠落している。自他の苦痛を決して受け入れまいとする心的自己防御が強く働いている。母親であれ、教師であれ、他者はすべて冷たいレンズから覗かれた風景に過ぎない。風の音も幼児の笑い声も遮断された無声映画のような無機的な風景。そこには「実験」だけがあり、「経験」が消えている。

六　おわりに

現代は、あらゆるものが計画され、プログラム化される時代である。子どもの教育もまたその例外ではない。子どもの成長にとって必要な知識や技能は、すべて学校教育のカリキュラムに盛り込まれている。子どもは発達段階ごとにそれを吸収し、消化するだけでよいとされる。「いじめ」や校内暴力が発生すれば、そうした事態をも予期したさらに周到な教育プログラムが開発され、実践に組み込まれる。子どもを「教育を要するヒト」とみなすならば、こうしたカリキュラム開発の悪循環に落ち込むだけである。しかし、“Erfahrung”の語源が示すように、人は旅の途上で身をさらし、予期せぬ事態に遭遇し、苦しみを受け止めながら生き直していく存在であると考えるならば、こうした**教育のプログラム化の限界**に気づくはずである。

子どもを「教育を要するヒト」として見るのではなく、「自ら学ぶヒト」と見なして、人生という旅の途上で、多様な関係的世界を織り上げることのできる力をこそ育むべきではないか。子どもを、学校的勉強の世界から解放して、広々とした「関わり合いの海」へ解き放つことが、いま求められているのではないか。経験とは、ホモ・ディスケンスとしての人間が、自然や他者と関わりあい、対話し、やり取りする過程で、しだいに編み上げられていく知恵の結晶である。「受苦せしものは、学びたり」という古代ギリシャの格言が、いま私たちに切実なリアリティを伴って、蘇ってくるように思う。

【註】

（1）Ｐｈ・アリエス著、杉山光信・杉山恵美子訳『〈子供〉の誕生――アンシァン・レジーム期の子供と家族生活』（みすず書房、一九八〇年）。

（2）Ｊ・Ｆ・リオタール著、小林康夫訳『ポスト・モダンの条件――知・社会・言語ゲーム――』（白馬書房、一九八六年、四三頁）。

（3）藤沢市教育文化センター『「学習意識調査」報告書』（二〇〇一年三月）。

（4）高山文彦『「少年Ａ」一四歳の肖像』（新潮社、一九九八年）。

（5）ボルノー著、浜田正秀訳『人間学的に見た教育学』（第二版、玉川大学出版部、一九七三年）。

（6）中村雄二郎『臨床の知とは何か』（岩波書店、一九九二年）。

第四章　〈大人―子ども〉関係をとらえ直す

子どもをどうとらえるかという問いは、教育方法学の根幹にかかわる問題である。しかし、従来、ともすれば子どもという存在を自明なものと見なして、そこに「真の子ども」や「本来の子ども」、あるべき「子ども像」などを想定した実体論的な議論が多く見られたように思われる。

「子ども」とは、ある年齢段階の存在を「大人」とは異なる「子ども」として差異化して見る〈まなざし〉によって作り出された観念である。この無意識的な差異化作用が進行するに従って、「子ども」は、ますます「大人」から引き離され、教育や保護の単なる対象と見なされるようになった。

しかしながら、近年では、こうした見方自体に反省が加えられ、大人と子どもの「共生」の必要性も説かれるに至っている(1)。

本章では、大人との〈関係性〉において子どもをとらえ直し、老年期や死の問題をも含めた人間のライフ・サイクルの全体の中で「子ども期」の有する意味を問い直す作業を行うことにしたい。

一　〈大人―子ども〉関係の二重性

オランダの精神医学者、ファン・デン・ベルク（van den Berg, M. J. H.）は、大人と子どもの区別は、決して実体的なものではなく、産業革命期以降の労働の分業化、複雑化によって、大人の労働世界から子どもが排除されてくる過程で、「子どもは子どもになった」という視点を提示している(2)。それまでは、子どもは、大人と質的に違いのない、ただ身体的（量的）にのみ異なる「小さな大人」として扱われていたと言われる。ほぼ一七世紀以前の「小さな大人」たちは、賭け事や喫煙、〈性〉や〈死〉などの現実から必ずしも遠ざけられておらず、そうした出来事も彼らの日常生活の一部であったという事実を、ファン・デン・ベルクは、豊富な実例をあげながら説明している。

ルソーは、『エミール』第一編のはじめの箇所で、「あなたの子どもの魂のまわりに、早く垣根をめぐらしなさい」という有名な言葉を述べている。これは、子どもの「魂」を、矛盾に満ちた当時の身分制社会から隔離して、理想的な「教育空間」の中で育てようとする近代人の最も早い時期の意志の表明であったと考えられる。

こうして、社会の近代化とともに、子どもは、一方で、多様な大人たちと同一の現実に身を置きながらも、他方で、教育的配慮に満ちた「教育空間」（規範的空間）の中にスッポリと包み込まれるようになった。子どもは、生活現実を大人と共有しながら、意識（規範）の上で大人たちから区別され、隔離されるようになる。さきのルソーの言葉は、大人が新しい市民社会(の理念)を構想する主体であることを自覚することによって、未だその担い手ではない、弱さや未熟さを伴った「子ども」が視界に浮かび上がり、大人との差異(子どもという観念)が構成されてくる経緯を如実に示しているといえる。

このように、子どもの問題は、実は大人と子どもとを区別することに意味を見い出した大人自身の〈まなざし〉によって構成されたものであることを、ドイツの教育学者レンツェン(Lenzen, D.)も指摘している。彼は、現代の高度情報社会における「子ども期の消滅」を主張するポストマン(Postman, N.)などの問題提起に言及して、次のように述べている。

「子ども期(Kindheit)の消滅や子ども期に関する言説は、実は子どもが問題なのではなく、大人自身の問題であることは、明白である。大人の存在やその自己理解が、不確かなものになってきているのである。したがって、**子ども期について大人が述べるということは、とりもなおさず、大人が自己自身について述べることに等しいのである**」(3)。

それでは、大人は、一定の年齢期の存在を「子ども」として差異化したことで、逆に自己自身をどのように位置づけたのであろうか。いささか先走った言い方をすれば、それは、理性と生産(自己活動)能力の無限の進歩を「成熟」(Mündigkeit)と見なす壮年期の男性中心の人間観を浮かび上がらせることになるが、はたしてそうした「大人」観に問題はなかったのであろうか。

二　「自己活動の助成」というパラドックス

ルソーの消極教育論を持ち出すまでもなく、近代教育思想は、子どもの主体的な活動、すなわち自己活動(Selbsttätigkeit)への「助成」(Hilfe)の論理を基本として構成されている。子どもはすでに活動する存在であるが、十分な目的意識をもって活動する主体ではない。すなわち子どもの活動は散漫な「未成熟状態」(Unmündigkeit)にある。こうした状態から脱却させ、その活動をより主体的なものにするために、「助成」という名の介入が許される。

ところが、スイスの教育学者エルカース(Oelkers, J.)は、ドイツの新教育運動を主導した「子どもからの教育」(Pädagogik vom Kinde aus)の流れの中にすら、「目的論を内在させた発達観」(有機的成長の観念)が支配的であって、子どもを素材にして、大人の理想とする「発達法則」を実現させようとしたにすぎない、という見解を提示している。エルカースは言う。

「この意味では、改革教育学は、『発達』という言葉によって強く方向づけられており、この概念の有するレトリックを十分に吟味してはいなかった。**『発達』は、理論であるよりも、むしろ要求であった。**一部は旺盛な情緒によって彩られ、そうした性向に感化された幻想的な言葉によって表現された要求であった」(4)。

子どもを、自己活動や発達に向けて「助成する」という図式の背景には、エルカースが指摘するように「目的論を内在させた発達観」が潜んでいる。「子どもからの教育」と言っても、やはり大人が無意識のうちに子どもの発達を方向づけ、それに向けてはたらきかけるのである。

ここに、子どもを、自己活動の主体に至るまで「助成＝教育すること」のパラドックスが浮かび上がる。子どもは、一人で主体的な自己活動の力を獲得することはできない。大人の援助を借りてその力を獲得する他はない。しかし、そうした介入を通して生まれたものは、果たして「自己活動」の名に値するものなのか。このパラドックスは、「消極教育」を標榜するルソーの『エミール』の記述の中にも、すでに現れている。

「生徒にはいつも自分が主人だと思い込ませながら、実はあなたが主人であるようにするがよい。外観上はあくまでも自由に見える隷属状態ほど完全な隷属状態はない。これによって、意志そのものさえもとりこにすることができるのだ」(5)。

ここでは、子どもはつねに一方的に「教育的配慮」の〈まなざし〉に晒される存在である。その「意志」さえも教師の手に握られているかのようである。**子どもの置かれるこうした「教育空間」の中では、子どもの自己形成（Selbstbildung）過程における偶然性、挫折、病、出会い、不安などの実存的・不確定な要素（O・F・ボルノーがかつて「生の非連続的形式」と呼んだもの）が、ことごとく「教育」のカテゴリーから排除されざるを得ない。子どもは、偶然性に委ねられてはならない存在であると見なされる。**子どもは、つねに「見られる」受動的存在であり、教師やその意図を「見返す」まなざしは全く想定されていないのである。

三　H・ノールの「教育的関係」の問題提起

「自己活動の助成」というパラドックスを克服しようとした最も早い時期のものとして、ノール（Nohl, H.）の「教育的関係」（pädagogischer Bezug）の理論をあげることができる。これは、教師から子どもへという一方的な「助成」のベクトルに疑問を提示し、不十分ながらも〈教師―生徒〉の相互関係性という「関係論的枠組み」を導入しようとした試みである、と言ってよい。

ノールによれば、「教育の基礎は、成熟した人間（reife Menschen）の生成しつつある人間（werdende Menschen）に対する情熱的な関係である。しかもそれは、生成しつつある者のための、彼が自己の生とその形式に至るための関係である」(6)。

ここでは二つのことが述べられている。第一に、「教育的関係」は、「成熟した人間」と「生成しつつある人間」との間の関係であること。第二に、その関係は、つねに「生成しつつある者のための、彼が自己の生とその形式に至るための関係」である、という点である。この「教育的関係」論の骨子を簡単に要約してみると、次の三点にまとめられる。

第一に、「教育的関係」は、相互的な関係であること。「教育的関係」は、大人の子どもに対する一方的な関係ではない。それは、大人と子どもの間に生ずる「相互作用の関係」である。それは、大人の子どもに対する「形成意志」と子どもの「成長への意志」とが出会うところで生ずる関係である。

第二に、それは、子どものありのままの「現実」と「より高次の姿」への二重の愛に基づく関係である。それは、一方で、自発的に「自己形成」(sich bilden)しつつある子どもを承認しつつ、他方で「より高次の姿」である「成熟」に向けてかかわろうとする(erziehen)二重の関係である。

第三に、「教育的関係」は、最終的には、その関係自体の解消をめざして行われる関係である。「教育は、人間が成熟(mündig)に達したところで終わる」(7)。

とくに、この第三の点に、ノールの教育的関係論の特徴が現れている。すなわち、「教育的関係」は、子どもが「成熟に達した」段階で終息することが予定されている。子どもが「倫理的な課題を自分で解決できるようになれば」、教育の課題は達成されたことになり、これ以降は、「自己教育」の問題、すなわち、「倫理学」の問題に取って代わられると言う。しかし、実はここに大きな問題点が潜んでいる。

その第一は、ノールにおいて、大人は、すでに「成熟」を達成しており、倫理学の対象にはなっても、「教育」の対象とはなりえない、と考えられている点である。大人には、もはや他者からのはたらきかけは不要であるように考えられている。

第二の問題は、ノールが自明のものとしていた「成熟」の問題である。彼は、「自立的な生活」をもって「成熟」の重要なメルクマールとしているが、子どもは果たしてそれのみを目指して生きているのであろうか。「未成熟な」子ども期や青年期には、それ自体に意味はないのであろうか。

このように、一九三〇年代にノールが関係論的視点を提示しようとした意義は認められるが、しかし、大人の側の「形成意志」の優位を前提にした教育的関係論であることは明らかであり、子どもが、制度化された大人の「形成意志」を突き崩したり、大人のパースペクティブを逆に揺るがす可能性が除外されている点に、疑問が残るのである。

四　子どもと大人＝〈ともに自己形成の途上にある異世代〉として

これまで子どもは、ひたすら教育の対象であり、その成熟に向けて「教育されるべき人間」(homo educandus)であるとして見なされてきた。こうした啓蒙主義的な子どものとらえ方は、ノールの教育的関係論にも通底するものであることは、すでに見てきた通りである。

しかしながら、身体性を欠いた理性や生産性を頂点とする「大人＝人間」観が疑問視されてきている現在、子どもの「成熟」ばかりでなく、大人自身の「成熟」のあり方やライフ・サイクルを改めて見直していくことが、求められてきているのではないか。

かつてボルノーは、実存哲学の影響のもとに、従来の連続的発達観から排除されてきた人生上の「挫折」、「病」、「老い」、「不安」、「死」の受容などの実存的経験の有する意味を掬い上げた脱近代的な「大人」観を構築しようとした。これは、壮健で生産性を有する「経済人」(homo oeconomicus)を暗黙の頂点とする「大人」観と発達観を相対化し、子ども、病人、高齢者、障害者、外国人、異文化的世界などの周縁的世界の独自な意義に目を見開かせる契機を作り出した。こうした周縁的視点から、壮年期を頂点としたこれまでの進歩主義的な発達観そのものが問われてきている。

すなわち、人間という存在の有限性を認め、乳幼児期、少年期、青年期、壮年期、老年期のそれぞれの生活世界の独自性を承認した上での、子どもへの関わりが、現在求められているのではないか。つまり、**発達段階に従って、子どもを大人の視界に組み入れていく関係性ではなく、子どもの「他者性」を許容し、それによって、逆に、大人自身の「成熟」のモデルをも相対化して、鍛え直していくという、真の相互的な関係性(つまり異世代間の相互規制)が、いま求められているのではないか。**このように考えるとすれば、以下のような新たな課題が生ずるはずである。

第一に、「子ども期」を研究するものは、誕生から死に至る人間のライフ・サイクルの全体像を提示し、その中で「子ども期」を位置づけることが必要である。「子ども期」だけを取り出して論ずることは、本来不可能であり、無意味なことだからである。

第二に、子どもとは何かを問うということは、問い手である大人自身を問うことと不可分である。**大人は、自己を問うことなしに、子どもを問うことはできないのである。**

第三に、レンツェンは、通過儀礼の消失やメディア社会の浸透により、子ども期が消滅したとするポストマンの見解を検討して、むしろ現代において消滅したのは、子ども期ではなく、**「大人になること」そのものの道筋が見えにくくなった時代**であることを、鋭く指摘している。それは、「子ども期が無際限に拡張する（maßlose Expansion der Kindheit）現象」(8)をもたらす結果を生み出した。この主張は、通過儀礼の喪失と各種「教育」期間の延長に起因する「大人の子ども化」現象を指摘するファン・デン・ベルクの主張(9)と奇しくも一致していることに驚かされる。

今後、文化の高度化や社会の複雑化とともに「子ども期の拡張現象」がさらに進行し、「子ども」と「大人」の間に、明確な「境界線」を引くことが、ますます困難になることが予想される。

そうなると、子どもと大人とを、いつまでも固定した二項対立の枠組みでとらえていくことの不毛さが、自覚されてくるはずである。むしろそこでは、両世代を、それぞれの年齢段階で「自己形成を行いつつ同時代を生きる異世代」としてとらえ、互いに相手の自己形成のプロセスから学び合う相互援助と相互規制の関係としてとらえ直していく作業が、必要になると思われる。

【註】

（1）日本教育学会第五二回大会で「共生と教育」と題するシンポジウムが行われ、「子どもと共生」などの提案がなされた。「教育学研究」第六一巻、第一号、一九九四年。

（2）J・H・ファン・デン・ベルク(早坂泰次郎訳)『メタブレティカ――変化の歴史心理学』(春秋社、一九八六年、三二頁)。

（3）D. Lenzen: *Mythologie der Kindheit.* Rowohlt, 1985, S. 5. 強調部分は引用者のもの。

（4）J. Oelkers: *Reformpädagogik.* Juventa, 1989, S. 94. 強調部分は、引用者のもの。

（5）ルソー著、長尾十三二他訳『エミール Ⅰ』(明治図書、一七三頁)。

（6）H. Nohl: *Die Pädagogische Bewegung in Deutschland und ihre Theorie.* (1935) Verlag G. Schulte-Bulmke, 1970, S. 134.

（7）H. Nohl: a. a. O., S. 132.

（8）D. Lenzen: *Das Jahrhundert des Kindes–am Ende?* (関西ドイツ文化センターにおける講演原稿、一九九四年九月)

（9）ファン・デン・ベルク、前掲書、一六〇頁。

第五章　経験・他者・関係性

近年、教育学を構成する諸原理が、根本的に問い直されてきている。これまで教育と言えば、「教師・生徒・文化財」というトライアングルでとらえられ、教師が、一定の文化財を、生徒にどう伝達するかという構図で説明されてきた。学校教育で言えば、学校教育法(一九四七年)や最新の学習指導要領に盛り込まれた教科内容の伝達が大きな関心事であり、子どもの生《なま》の声や学びへの願望が教育実践に反映されることはほとんどなかった。

こうした教師主導の教育理解は、東南アジア、アフリカ、南米など発展途上の過程にある国々において、共通に見られる現象である。しかし、すでに高度経済成長を達成し、成熟社会の段階に入った日本において、従来の教師主導型の教育システムは、もはや行き詰まり状態にあることは誰の目にも明らかである。子どもを、homo educandus(教育を要するヒト)(1)、すなわち未成熟者と見なして、教育の枠の中に囲い込み、原材料を加工するように教育してきたことが、反省されるに至っている。むしろ子どもであれ青年であれ、まず相手の学びへの要求に耳を傾ける必要があるのではないか。学習者の生きている世界を理解した上で、それぞれにふさわしい学びや自己実現を援助すること。その配慮が全く欠けていたのではないか。

こうした教育学の自己反省は、地域住民に健康教育を行う保健、医療の担当者の教育観にも当然大きな転換を促すものと考えられる。なぜなら、普遍的な「健康」像を基準にして、それに至らない蒙昧な住民を啓蒙・指導するための健康教育という発想では、もはや住民の理解は得られないからである。

そこで、本章では、これまでの教育学を「教師主導型」としてとらえ、その限界を明らかにするとともに、生活者、学習者の側に立った「学習者援助型」教育の必要性とその展望を報告していきたいと考える。

一　近代教授学の成立

教育空間への子どもの囲い込み

近代の教育学は、子どもを諸々の社会関係から切り離してとらえ、理想的な教育空間の中でその発達を促そうとする考え方で貫かれてきた。

ルソーの『エミール』(一七六二年)の中に、「あなたの子どもの魂のまわりに、はやく垣根をめぐらしなさい」という有名な記述がある。当時の文書によると、生まれた子どもの約三分の一が一年未満で病死し、約三分の一が捨てられる状態にあった。自然界の動物と同様に、この世に生まれ落ちて、運よく生き延びられた子どもだけが生存してゆけばよいとする淡泊な見方が支配的であった。実際に、ルソー自身も貧困のために、五人の子どもを孤児院に置き去りにしている。身分制差別、極度の貧困、疫病などの渦巻く社会の中に放置されることで、多くの子どもが生死の境をさ迷わなければならなかった。

子どもを社会の悪習に染めてはならない。むしろ学校もしくは農園などの教育的な施設に収容しなければならない。悪習にまみれた実社会から子どもを引き離して、理想的な教育空間の中で育て、埋もれている理性の力を引き出すこと。これが近代の教育思想家たちに共通した考え方であった。そこから、子どもは、大人とは異なって、教育や保護の必要な "homo educandus"(教育を要するヒト)であるという通念が生み出された。

教える技術の開発

周知のように、Pädagogik(教育学)というドイツ語は、もともと「子ども」(pais)を「導く」(agein)というギリシャ語に起源をもつ。ギリシャ語で「パイダゴーゴス」(Paidagogos)といえば、富裕階級の子弟を学校(scholē)にまで道案内をする年老いた召使いを意味していた。近代において自覚化された教育意識は、あらゆる子どもを、その未成熟状態から脱却させ、理性的で自立した状態へと導く技術を生み出した。それが教授学(Didaktik)である。

近代教授学の祖として知られるコメニウスは、その教授学の特徴を、当時普及しつつあった活字印刷術(Typographia)になぞらえて、「教授印刷術」(Didakographia)と名づけた。ここでは、教師が印刷工に、子どもが印刷用紙に、教科書が活字に、学校の規律が圧印機にたとえられている。印刷工場にたとえられる学校で、教師は、あらゆる階層の子どもに、教科書に示される内容を、確実に、速やかに、教えていく。「確実に、速やかに、楽しく」(facile, cito, tuto)——これがコメニウス教授学のスローガンであった。

教育的教授の理論

コメニウス、ルソーそしてペスタロッチー等によって構想され、実践されてきた教育活動を、学問レベルで体系化したのが一九世紀ドイツの教育学者ヘルバルトである。ケーニッヒスベルク大学でカントの後任であったヘルバルトにとって、教育の目的は、カント倫理学に基づく「自律した人格」の形成にある。子どもはすでに様々な経験を経てきているが、しかし、それらは子どもに秩序立った思考圏(人格を支える思考基盤)を与えるものではない。気まぐれや欲望に支配されない自律的人格を形成するためには、教師による「教授」(Unterricht)と道徳的「訓練」(Zucht)、そして生活の「管理」(Regierung)が不可欠である。そのために、ヘルバルトは、どの子どもにもあてはまる四段階の教授法(明瞭、連合、系統、方法)を工夫し、教育的教授(erziehender Unterricht)の理論を確立した。弟子のラインやツィラー等は、この教授理論を五段階に組み替えてさらに精緻化させることで、学校の授業実践に学問的基礎を与えた。

こうした教授理論の学問化は、たしかに近代学校の存立基盤と教師の教育活動を権威づけ、大学の講座における教育学の必要性を主張する上では大きな効果をもたらしたと言える。しかし、他方で、子どもを学校に囲い込み、先取りした理想的人格に向けて訓練し、教材を巧みに教え込むという教師主導型の教育学の原型を作り上げたことも否定できない。homo educandus として、学校空間に収容された子ども。先取りされた人間像。そのための教える技術の開発。近代の教育学は、こうした路線上をひた走ってきたのである。

二　近代教授学から教育人間学へ

人間存在の有限性

すでに述べたように、近代教育学は、子どもの囲い込みと教える技術の精緻化を促した。社会から隔離された教育空間の中で、子どもに知識を与え、その理性や能力を引き出すこと。こうした効率重視の教育形態は、かつてのヨーロッパばかりでなく、近代化の途上にある国々においても共通に見られる現象である。

しかし、社会の近代化をある程度達成し、新たな成熟社会の教育モデルが模索されるに至った今日の状況から振り返ると、従来の教育学に潜む大きな偏りが見えてくる。

第一に、日常生活における人間の多種多様な「経験」や自主的・自発的な「学び」にほとんど価値をおかないこと。

第二に、子どもを地域社会やコミュニティなど、諸々の「関係性」から切り離してとらえてきたこと。

第三に、「大人になること、老いること、死ぬこと」の意味を全く不問にしていること。

要するに、従来の教育学に決定的に欠落していたのは、日常的な「経験」や自主的な「学び」の世界であり、「有限な人間存在」への洞察である。すでに述べたように、近代教育学は、その背景にカント、ヘーゲルを中心とするドイツ観念論哲学を基盤としているために、個人は人類に包摂され、人類は自然(野蛮状態)を理性化するという歴史的使命(進歩史観)を帯びてとらえられている。教育の課題は、こうした「人間の使命」(フィヒテ)を実現することにあるとされる。しかしながら、二〇世紀に入って、二度の世界大戦を経験し、しかも二〇世紀最大の実験でもある社会主義システム(これもヘーゲル哲学の延長線上にある)の台頭と崩壊をすでに目の当たりにしてきた私たちにとって、個人を歴史的進歩の担い手としてのみ位置づける人間観が普遍性をもつとは到底考えられない。

むしろ、ハイデガーも言うように、人間はもともと「有限な存在」であり、人は有限性の中で多様な「他者」(同世代そして異世代)との関係性を大切に取り結びながら、それぞれの「世界」を生き直し、生涯を終えていくと見るべきではないか。したがって、**①日常的「経験」や自発的な「学び」の尊重、②多様な他者との関係性の回復、③ライフサイクルの異なる世代間の相互交流という視点**が、これからの教育学を構成する重要な要素となる。

経験と学びからの出発

ハイデガーによれば、私たちは有限の時間の中でそれぞれの世界を生きている。その世界は、すでに言語的(文化的)に切り取られ、解釈された世界である。解釈される以前の「裸の現実」なるものを人間はとらえることができない。事物や出来事はつねに「〜として」(als etwas)という形で意味づけられており、この世に誕生した子どもの自我は、こうした解釈された世界の中で構成されていく。ディルタイの言う「構造連関」(2)、フッサールの言う「生活世界」(3)がこれにあたる。よく指摘されるように、日本人とヨーロッパ人の自我構造が異なるのは、言語的に構成された世界の構造の違いによるのである。

子どもが新しいことを「学ぶ」のは、すでに解釈された世界からはみ出る経験によってである。それまで文字を知らなかった子どもが文字を学ぶ。自転車の乗り方を学ぶ。掛け算の原理を学ぶ。泳ぎ方を学ぶ。いずれもそれまでの子どもの解釈された世界からはみ出た新しい経験に他ならない。文字、乗り方、掛け算、泳ぎ方などはいずれも、子どもが全身的にかかわった経験を通して理解され、習得されていく。そう考えるならば、こうした新しい経験は、日常生活の至るところにころがっている。子どもは、そして無論大人も、こうした日常生活の多様な関わりを通して、実に多くの事柄を学んでいるのである。そう考えるならば、日常生活の多様な経験こそが「学び」の原点であることが理解できるはずである。

対話的関係性

このように「学び」を理解するならば、教師の役割は、技巧を凝らして知識を伝達することではなくなる。それは、すでに多くを経験し、学んできた子どもの自己学習の力を信頼し、子どもと共にさらに新しい問題にチャレンジしていくことではないか。

「教える技術」に偏りがちであった近代の教育学に対して、前章で述べたH・ノールはすでに一九三〇年代に「教育的関係」を論じて、教師と生徒の間の相互的関係性こそが重要であると指摘した。またM・ブーバーは、従来はモノの技術的操作をモデルとした「我―それ」関係でしかなかった教師と子どもの関係を、相互的な「我―汝」関係においてとらえ直し、互いに関わり合う中で、子どもばかりでなく、教師自身も学び直し、自ら変容をとげていく存在であることを主張した。

教師から見た子どもの「他者」性と対話の必要性を強く主張したのが、O・F・ボルノーである。ハイデガーの弟子である彼は、空間論を展開し、人はそれぞれの経験によって解釈された空間を生きている事実を明らかにした。ある学校の教室は、教師にとっては場慣れた空間であるかもしれないが、ある子どもにとっては、非常に息苦しい空間にもなりうる。それは、子どもから見て、教師との関係で緊張を強いられていることの証しでもある。子どもを教師の伝達言語(モノローグ)で操作できると考えてはならない。子どもは、教師の語る言語コードとはまるで異なった言語コードを生きている。そうした「他者」として子どもを受けとめる必要がある。こうした「他者」との間にこそ、真の対話(ダイアローグ)が生まれる。相手の「他者」性を認めない場合には、教師の言葉は、独善的なモノローグに終始する他はない。

三　教育人間学のパースペクティブ――一元的発達観を越えて

発達観の多元化

従来の教育学は、子どもは、長い階段を一歩一歩上るように、連続的、段階的に発達するものと見なしてきた。幼児期から青年期まで、それぞれの年齢段階で達成すべき発達課題(developmental tasks)が予め定められ、あらゆる子どもがそれを乗り越えていくことが期待されてきた。そして発達の頂点には、他者の力にもはや依存しない「理性的で、健康な、生産性に満ちた人間」が想定されている。こうした人間は、仕事においても、社会性においても活動的で、力強さに溢れている。**「人に依存しないこと、健康であること、生産的であること」**が、従来の発達観が暗黙の前提としてきた価値基準である。それは、すでに述べたように、生産力の向上という進歩史観の枠組みの中に子どもの「発達」が組み込まれてきた現実を、雄弁に物語っている。

しかし、現在こうした一元的発達観の前提そのものが疑問視されている。人間存在の有限性を忘れ、多様な他者との関わり合いから身を引き離して、抽象的な「発達」の世界に生きることは、結局子どもをばらばらにし、孤立化させるだけの結果を招いたのではないか。健康でない人間、病んだ人間、障害を背負った人間は、発達遅滞、発達障害でしかないのだろうか。人はつねに他者との関わり合い（支え合い）に生きる存在なのであって、『ロビンソン・クルーソー』（一七一九年）の物語のような人に依存しない自足的人間は、近代人の幻想でしかないのではないか。むしろ人間は元来無力であり、他者に依存して生きている現実を、もっと自覚する必要があるのではないか。

危機における受苦と再生

こうした一元的発達観に対して、**人間は有限であり、しかも多様な危機的状況に直面しながら、象徴的な死と再生を繰り返して生きる存在であること**が、ようやく理解されるようになった。ここでは、歴史の未来よりも、有限な現在をどう生きるかが決定的に重要なことになる。

実存的地平から見るならば、人生上の失敗、挫折、病、不安等の経験は、必ずしもマイナスとばかりは言えない。そうした苦しい挫折に身を委ねることによって、より新しい次元における再生のきっかけをつかみ得るからである。忍び寄る老いや死の不安なども、より自覚的に人生を引き受けようとする覚悟を促す。ボルノーは、こうした危機的な状況を「生の非連続的形式」と名づけ、むしろ受苦的な経験を通してこそ、人は精神的に浄化され、新しく再生する力が湧き起こるとした。従来の教育学は、危機的場面におけるこうした内面の浄化作用と自己再生のドラマを全く排除してきたのである。

四　おわりに

従来の教育学を教師主導型とし、それに代わる教育学の新しいパラダイムを学習者援助型として説明してきた。何が大きく変わったのかと言えば、未熟な子どもを理性化した大人にする技術として教育を考えるのではなく、一人ひとりの子どもの試行錯誤や自己実現に寄り添うかたちで、それぞれの学びを援助していくこと、それが、これからの教育の出発点になるという点である。こうした学習者援助のネットワーク作りこそが、いま求められている。ここでは教育の主体は教師に限らない。誰でもが教師になりうるし、また同時に学習者でもある。これからの教師には、子どもが自発的に学べるカリキュラムやネットワークを用意し、それぞれの学びを援助し、調整するコーディネーターとしての役割が求められるであろう。

教師主導型の教育の終焉はすでに明らかであるが、しかし、それに代わる学習者援助型の教育の新しい形態は、まだ十分に成熟してはいない。いま問われているのは、これからの教育を構想する私たちのイマジネーションの豊かさなのである。

【註】

（1）Ｉ・イリイチ著、桜井直文監訳『生きる思想』(藤原書店、一九九一年、九二頁)。

（2）ドイツの哲学者Ｗ・ディルタイは、すべての文化を人間の生の表現であるとし、そこには言語によって創出された歴史的に固有な生の構造が形成されると説いた。これが各々の文化の基底をなす「構造連関」である。

（3）ドイツの哲学者Ｅ・フッサールの後期思想の中心概念。「生活世界」とは、科学の発生母体でありながら、科学の客観化作業によって覆い隠されてきた人々の日常生活そのものから見えてくる世界を指している。

【参考文献】

・Ｅ・フッサール著、細谷恒夫・木田元訳『ヨーロッパ諸学の危機と超越論的現象学』(中央公論社、一九九五年)。
・Ｍ・ハイデガー著、原佑・渡辺二郎訳『存在と時間』(中央公論社、一九七一年)。
・Ｏ・Ｆ・ボルノー著、西村皓・鈴木謙三訳『危機と新しい始まり』(理想社、一九六八年)。
・岡田渥美編『老いと死——人間形成論的考察』(玉川大学出版部、一九九四年)。
・栗山次郎『ドイツ自由学校事情』(新評論、一九九五年)。

第II部　情報・消費社会の子ども

第六章　情報・消費社会における学校の役割
――〈ホモ・エドゥカンドゥス〉から〈ホモ・ディスケンス〉へ

一　いま、なぜ学校が問われるのか

現在の日本は、後発型近代化という一つの時代が終わりを告げ、それに変わるべき新しい社会システムを模索している状況にある。近代化を支えてきた集団主義的な社会システムの「制度疲労」が政治、経済、文化の各分野で指摘されてきているが、学校もまたその例外ではない。読売新聞社が、三千人の有権者を対象に行った調査によれば、いまの学校教育に「不満」もしくは「どちらかといえば不満」と答えた人の数は、合わせて七三・九％にものぼっている。この数は、同じ調査をはじめた一九八四年以来、最高の数値になったと新聞は報じている(1)。

それでは、人々は学校のどこに「不満」を感じているのか。全体で一二項目ある「不満の理由」の選択肢のなかで、選ばれたワースト3は、次のものである。「児童・生徒のことよりも、学校の都合や体面を優先する」(四六・一％)、「児童・生徒の問題をきちんと解決できない」(四二・七％)、「相談事を親身になっ

て聞かない」(三八・九%)。この結果を見ると、人々が学校に対してもつ不満の主な原因は、①学校の体面優先という体質、②子どもの問題行動への対応のまずさ、③子どもの相談事を親身に聞かない、というところにある。逆に言えば、「授業での教え方が下手」や「授業や進路指導に熱心ではない」という不満は、ほとんど見られない。

まさにこの点に、今日の学校をめぐる争点が浮き彫りにされていると言ってよい。これまで学校といえば、ごく基本的に言って、子どもに基礎学力を保障し、集団生活のルールを身につけさせる場であった。教科指導と教科外指導という二本の柱がそれにあたる。ところが、いま学校が批判されているのは、学校がこうした二つの目的をきちんと遂行していないという理由によるものではない。むしろ逆である。均質な学力形成や集団生活の訓練という開発途上国型の発想から抜け切れていない学校の体質そのものが問われているのである。言いかえると、子どもを未熟な「教育を要するヒト」(homo educandus)と見なして、出来上がった教育プログラムの上を歩かせるのではなく、一人ひとりの子どもの願いや学びへの欲求が作り上げる授業、さらには父母や地域住民の声が反映される学校のあり方が求められてきているのである。それは、「国民的共通教養」の均等配分と集団的社会化という近代化時代の学校の役割だけではもはや満足できなくなった国民の意識の変化を表している。これは、近代化の時代が終焉する一九七〇年代後半から顕著になった、学校に対する国民の新しい〈まなざし〉の特徴でもある。

学校は、こうした国民の新しい〈まなざし〉に応えうる斬新なパラダイムを提示できるのだろうか(2)。

本章では、その前提となるいくつかの基本条件を検討していきたい。

二　「学ぶこと」の意味の自明性の解体——近代化型学校からの子どもの逃避

藤沢市立教育文化センターでは、藤沢市内の中学三年生全員を対象に、一九六五年から五年ごとに同一の質問紙を用いて学習意識調査を実施してきている。二〇〇〇年までの三五年間の調査結果の推移をたどると、中学生の学習意識が大きく変化してきたことが、手に取るように理解できる。二〇〇〇年六月に行われた調査結果(中学三年生全員、男子一六二四名、女子一五四六名、合計三一七〇名)を踏まえたデータを見ると、そこに一つの傾向を読み取ることができる。

例えば「もっと、たくさん勉強したいと思いますか?」という質問に対する回答は、第一回目(一九六五年)の調査では、「はい」六五・一%、「いままでくらいでよい」二九・七%、「もう、うんざりしている」四・六%、という分布であった。全体の三分の二に近い生徒が「はい」と素直に答えていることに驚かされる。ところが、この質問に対する肯定的な回答は年々減り続け、二〇〇〇年になると、「はい」二三・八%、「いままでくらいでよい」四六・九%、「勉強はもうしたくない」二八・八%という結果になった。全体の約半数近い生徒が、勉強は「いままでくらいでよい」と答え、実に三人に一人の生徒が、勉強そのものを「もうしたくない」と感じている現実が明らかになった。

また「勉強以外の自由時間がほしいと思いますか？」という質問に対しては、一九六五年では、「もっともっとほしい」三二・五％、「少しほしい」六一・二％、「ほしくない」五・一％、という分布であった。ところが二〇〇〇年の調査では、「もっともっとほしい」六六・二％、「少しほしい」三一・〇％、「ほしくない」二・三％、という結果になった。これを見ると圧倒的多数の中学生が「勉強以外の自由時間」を切実に求めていることがわかる。

さらに、次頁のグラフに明らかなように、学習意欲、学習の自信、学習の理解度、学習への集中度は、一九七五年を境にして目立って減り続け、逆に、意欲喪失、集中できない、自信喪失、分からない、といった項目が増え続けてきているのである(3)。

「学校からの逃避」とも言える中学生のこうした傾向を、私たちはどう理解すべきなのか。一九七〇年代後半からの情報化・消費化の浸透によって(4)、中学生たちの自制心が徐々に失われ、快適志向と自己愛的傾向が増幅されてくることも、一つの要因であるかも知れない。しかし、それ以上に大きな理由は、それまでは自明であった「学ぶこと」の意味が、ある時期を境にして、生徒たちの間で通用しなくなった状況が出現したことである。

およそ一九七〇年代半ば頃までの日本は、国家の近代化と経済発展に向かってひた走ってきた。科学技術の革新、民主化と社会進歩が日本全体の目標であり、学校は、その歴史的文脈のなかで社会進歩、経済発展を担う人材を養成してきた。この頃の学校は、子どもたちが科学的知識を習得できる唯一の機

■「望ましい事柄」についての35年間の変化
（勉強時間・勉強の理解度・勉強の自信・勉強の意欲・勉強への集中度）

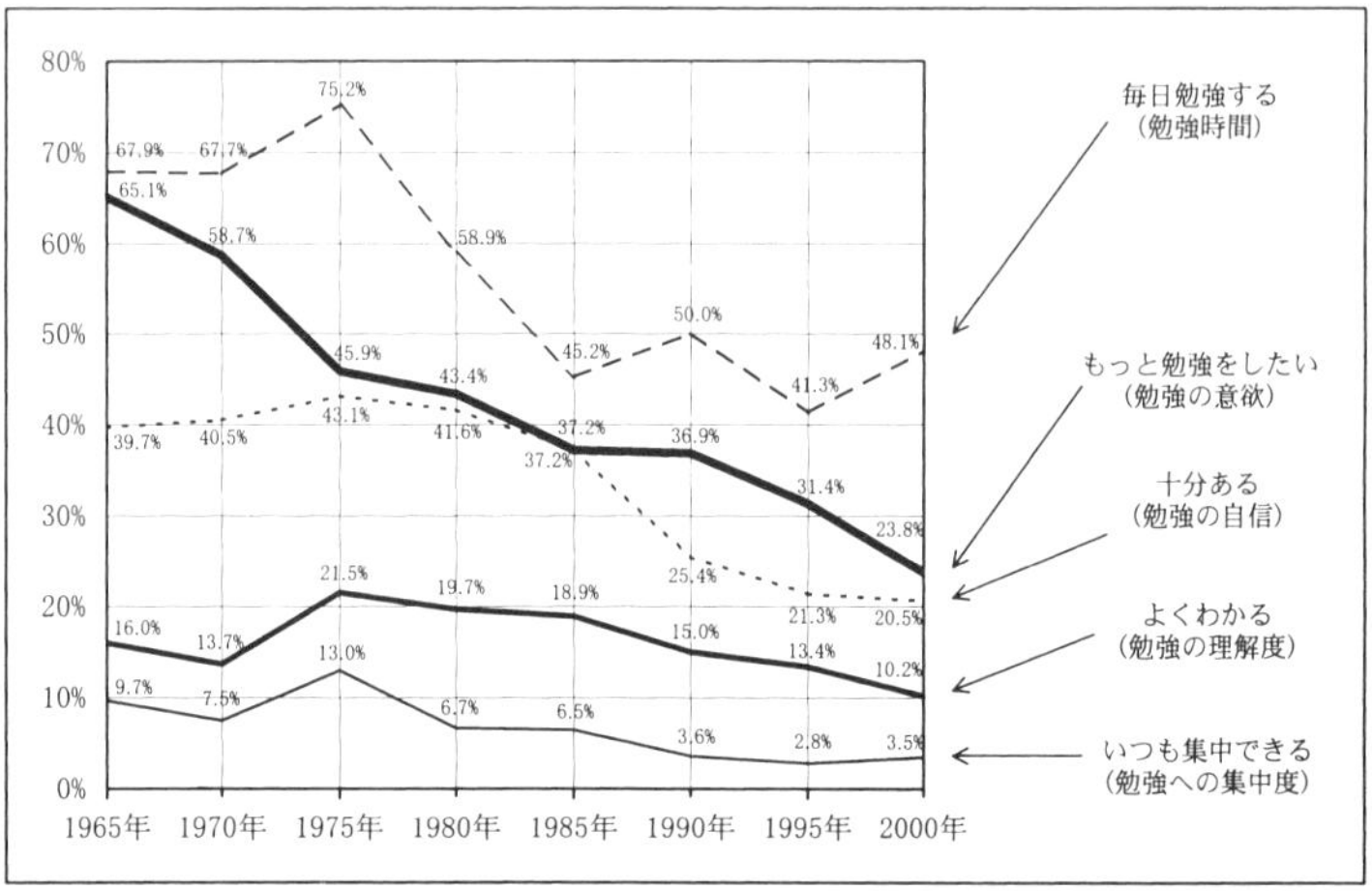

■「望ましくない事柄」についての35年間の変化
（勉強時間・勉強の理解度・勉強の自信・勉強の意欲・勉強への集中度）

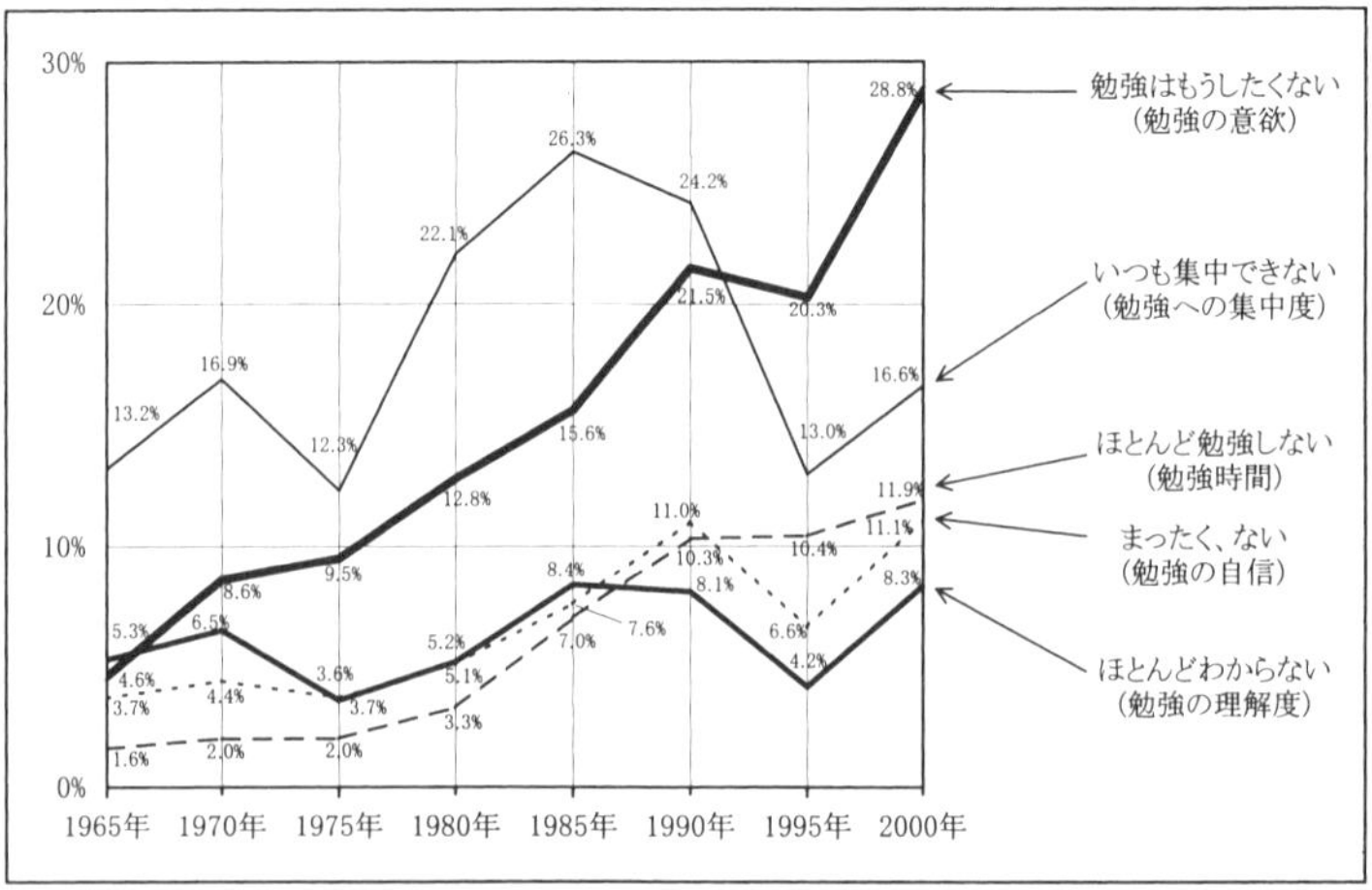

※グラフの縦軸は見やすくするために目盛りを変えてある。

（出典：藤沢市教育文化センター『「学習意識調査」報告書』2001年3月）

関であり、まだまだ家父長制や封建遺制の残る地域社会を啓蒙する場でもあった。つまり学校が、社会全体を大きくリードしてきたのである。この頃までは、学校で「学ぶこと」の意味は、社会進歩や経済成長のパラダイムの中にスッポリと収まっており、大人も子どもも無意識のうちにそうしたパラダイムを支えに生きていたのである。

ところが、一九七〇年代半ばに高度経済成長が終息し、高校進学率が九〇％を越える。さらに第三次産業就業人口が五〇％を越えた高度情報・消費社会が出現すると、学校の魅力や進歩性は、急速に色あせていった。加えて一九八〇年代後半からの東欧革命は、歴史の一元的進歩という「大きな物語」（J・F・リオタール）の崩壊を象徴する現象であり、輝かしい未来社会の実現のために働き、学ぶという未来志向の学びの動機づけは、その理論的根拠を失うに至る。それまで子どもが学校で学ぶ意味を背後で支えてきた「大きな物語」が崩壊すると同時に、学校は「歴史の終わり」（F・フクヤマ）のただ中に放り出されたのである(5)。一九七〇年代後半から中学生が学習意欲を喪失し、「学校から逃避」してきた背景には、学校を支える歴史的文脈の変動が大きく作用しているように思われる。

三　学校への新しい〈まなざし〉の顕在化

それでは、いま中学生たちは、学校をどのような場として意識しているのだろうか。先の藤沢市立教育文化センターの調査(二〇〇〇年)によれば、「学校のなかであなたが一番大切に思うものはどれですか」という問いに対する回答は、以下のようである。「友達づきあい」七六・一%、「勉強」九・五%、「部活・クラブ」八・八%。とくに女子の場合には、八二・八%の生徒が「友達づきあい」をあげており、全体でも八割近い生徒が「友達づきあい」のために学校に通っていることがわかる。学校は、教師や親にとっては「勉強の場」であるが、当の生徒たちにとっては、すでに「友達づきあいの場」として意識されている。なぜこうしたズレが生じてきたのだろうか。これには、いくつかの理由が考えられる。

第一に、一九七五年に第三次産業就業人口が過半数を越え、日本は重工業中心の社会からポスト産業社会に入る。人々の生活も、生産中心のライフスタイルから消費中心のそれへと大きくシフトする。この頃から、日常生活における「消費」の比重が加速度的に増大してくる。

第二に、高度情報社会の出現によって、文字中心の「知識」よりも、映像中心の「情報」が生活のなかに浸透してくる。正確な「知識」は学校で学ぶしかないものであるが、「情報」は家庭でも、仲間同士の会話でも、インターネット空間からでも得ることができる。

第三に、集団志向と未来志向のライフスタイルが一九七〇年代半ばを端境期として頭打ちになり、個人志向と現在志向のライフスタイルが浸透してくる。

第四に、一九八九年のベルリンの壁の崩壊以後に勃発した世界的規模における東欧革命や地球的規模における環境汚染の問題は、科学技術の進歩や社会主義の実現という「大きな物語」の崩壊をもたらした。

それは、無数の「小さな物語」の誕生と現在志向を決定的なものにしたのである。

こうして一九七〇年代半ばを転換期として、日本社会は情報・消費社会に突入し、生産主義的で、知識中心、集団と未来志向の時代が終わりを告げたのである。そして消費的生活、情報、私的生活と現在志向のライフスタイルが人々の間に浸透するに従って、生産主義的に構成され、知識中心で集団志向の学校の魅力が、相対的に下落していったのである。

まさにちょうどこの時期から、学校では、校内暴力、いじめ、不登校といった荒れた現象が目立つようになった。もちろん筆者は、消費生活化、情報化、個人主義化、現在志向といった傾向がすべて望ましいものだとは考えていない。それは、以下に述べるように、生産に結びつく問題解決的思考や他者との〈関わり合い〉を排除する傾向をもつからである。しかし、こうした情報・消費社会は、生産中心の時代には想像もつかなかった快適で便利な生活をもたらしたことは間違いない。

もともと近代化を支える人材育成の場として始まった学校は、近代化の終焉とともに、そのめざす目標自体を喪失してしまったように見える。そして情報・消費社会のただ中で育ってきた子どもたちにとって、近代化型の学校は「息苦しい場」でしかないものとなる(6)。一九六〇年代までは、学校が地域社会をリードし、啓蒙してきたが、それ以降は、逆に学校が急速な社会変化に追いつけない、陸の孤島のような状況が出現している。かつて学校に通うことは、子どもにとって未来への「夢」や「希望」を紡ぐことであったが、情報・消費社会の出現した今日、子どもの現在の「夢」や「希望」は、学校のなかで押し潰されるという状況が生まれている。

現在の子どもたちは、もはや社会進歩や経済発展を担うことを期待される〈homo educandus〉ではなく、家庭でも地域でもメディアによっても多くを学び、経験を広げて生きている「自ら学ぶヒト」(homo discens)として立ち現れてきているように見える。輝かしい未来社会を担うべく「教育されるヒト」なのではなく、**現在そのものの〈生の充実〉を求めて生きる〈ホモ・ディスケンス〉なのだ。そこには、単なるモノの消費を越えた「意味充実」の行為への欲求が息づいている。**このように〈生の充実〉を求めて生活し、学校に通う子どもたちが納得のできる「学びの意味」を、私たちは改めて模索しなければならない時代になったのだと筆者は考えている。

四　「経験の空間」としての学校

すでに述べたように、一九七〇年代後半から、「学ぶこと」と学校に通うこととの同一視が成り立たなくなった状況が生まれた。情報・消費社会の多様な選択肢の中にすでに身をおいている子どもたちにとって、一斉授業や定食コースに等しいカリキュラムの学校は、「友達づきあい」以外に何ら魅力のある場所ではない。それでは、選択肢の多い消費社会に生きている子どもたちから見て、学校が魅力的な学びの場として再生するには、どうしたらよいのか。それはすでに近代化を達成した主要先進諸国に共通する課題でもある。

こうした取り組みの一つとして、ドイツのビーレフェルド大学附属実験学校の事例をあげてみよう。一九七〇年代からドイツにおける「経験の空間」としての学校論を展開し、実際にビーレフェルド大学附属実験学校で長年指導的役割を担ってきたヘンティッヒ(Hartmut von Hentig. 1925-　)の学校改革論は、私たちに大きな示唆を与えてくれるように思う。その著書『経験の空間としての学校』(7)は、ドイツの学校現場に大きな影響を与えてきたが、『現実が徐々に消滅していく』(8)という刺激的なタイトルの著書は、情報化と消費生活化の進行するドイツにおける子どもの生活空間と経験の変貌を分析したものである。しかし、とりわけ注目に値するのが、九〇年代になって書かれた『学校を新たに考え直す』である。本書において、ヘンティッヒは、情報・消費社会における「新しい学校像」を、以下の六つのテーゼのもとにとらえようとしている(9)。

① 新しい学校は、家庭、住居、通り、近隣社会、自然などの生活空間とともにある、もう一つの生活空間である。

② 新しい学校で、生徒たちは、私たちの現在の社会、そして将来そうなるであろう社会の重要な特徴を経験する。私たちの社会は、個人の自由を支援し、意見、生活目的、生活様式の多様性を承認する。それは「多元的なもの」であり、諸個人の価値の多様性を尊重する。

こうした多元化された社会の形態が、私たちの生活を豊かにするのであるから、学校はこうした多元化された生活を経験できる場でなければならない。

③「経験の空間」としての学校は、社会のなかで諸個人が生活の必要性、長所、価値を経験できる場所でもある。**学校は一つのポリス(polis、共同体)である。**こうした共同体のモデルを通して、子どもは、平和に、公平に、規則に合った、責任ある共同生活(Zusammenleben)を送るための根本条件やその難しさを学ぶのである。ポリスの生活が秩序、自己規律、目的に向かっての合意や共同生活における問題などを教えてくれる。

④新しい学校は、人間の内にある全体性を存分に発揮できる生活空間である。この学校では、「教え」(Belehrung)は可能な限り経験にとって代わられ、経験によって補完されるように教育内容と方法が構想される。**子どもは学校で(an der Schule)学ぶと同時に、日常生活でも、さまざまな関わり合いを通して学んでいるのであって、決して学校のなか(in der Schule)だけで学ぶのではない。**

⑤新しい学校は、学齢期以前の子どもが成長する小さな家族と、職業人養成、職場、消費、交通、情報などの大規模に組織化された社会生活のシステムとの間をつなぐ一つのかけ橋になるべきである。

⑥「生活空間と経験の空間としての学校」は、子どもが市民生活の仕方を学ぶ場であるばかりでなく、生徒が重要な知識を獲得し、諸能力を発展させ、諸観念を秩序づける場所でもある。そこでは生徒

は、その知識・技術をどのように発見し、どのように活用するかを経験できる場でなければならない。

このように、ヘンティッヒが主張している「新しい学校像」は、高度の情報化と消費化の進行する社会で、他者、事物、自然と具体的に〈関わり合い〉ながら、子どもが自己のアイデンティティを獲得していける空間である。とりわけ基礎学校（Grundschule）の最初の三年間を、ヘンティッヒは「生活領域の学校」と呼ぶ。ここでは、子どもの学びは、さまざまな対象との〈関わり合い〉（Umgang）それ自体を中心に展開されるべきものとして構想されている。この〈関わり合い〉は、次の五領域に分けられている(10)。

①　自己と他者との関わり合い
②　人間と事物との関わり合いＡ――観察する、測量する、比較する、実験する
③　人間と事物との関わり合いＢ――遊ぶ、造形表現する、想像する、創作する
④　自分の「からだ」との関わり合い
⑤　語られたり、書かれたり、考え出された世界との関わり合い

子どもは、こうした五つの生活領域における〈関わり合い〉を通して、自己の生活世界の成り立ちを実

感的に理解していく。このように、**「新しい学校」では、子どもと「他者」、「事物」、「からだ」、「文化的世界」との〈関わり合い〉が、教育内容を構成する基本原理となっている。**

とりわけ、「他者」との関わり合いや自己の「からだ」との関わり合いは注目に値する。なぜなら、ヘンティッヒは、「他者」から独立し、自己の「からだ」を統御できるようになることをもって、子どもの自我の成長とは考えていないからである。**自我は他者との〈関わり合い〉のプロセスで多様にかたちを変えていくものであり、「他者」なくして自我もありえないからである。**さらに自我は、近代哲学が志向したように、道具的な「からだ」を統御する実体ではない。自我は「からだ」の感覚そのものに埋め込まれて生成するものであり、自我を支える容器として「からだ」があるわけではない。「からだ」そのものが自我なのだ。その意味で〈関わり合い〉(Umgang)とは、他者、事物ばかりでなく、自我そのものである「からだ」を発見することでもある。

ヘンティッヒのいう「経験の空間」としての学校は、このような〈関わり合い〉に満ちた学校である。そこでは、「他者」、「事物」、「からだ」、「文化的世界」の発見は、同時にそこに生きる自己の発見でもある。子どもは、絶えず「自己を新しく発見し直す」ためにこそ、学校で学ぶのである。

五　コミュニケーションによる「市民性」育成の場としての学校

こうした〈関わり合い〉に満ちた学校生活を通してこそ、子どもは共に社会生活を送る「市民」(Civilitas)にまで成長することができると、ヘンティッヒは言う。それでは、ここで言われる「シヴィリタス」とは、どのような意味であろうか。

通常のラテン語辞典では、Civilitas は、①「市民性」(Bürgereigenschaft)、②「人付き合いのよいこと」(Leutseligkeit)と説明されているが、後者は明らかに誤りであるとヘンティッヒは言う。古代ローマ人の言う「シヴィリタス」とは、単なる人付き合いのよさなのではなく、活発な「相互交渉」(Umgänglichkeit)の有り様を意味している。**それは、あらゆる事柄について互いに語り合い、聞き合い、共同して問題を解決していくという生活の技法を意味している。**ローマの修辞学者、クインティリアヌス(M. F. Quintilianus)は、「シヴィリタス」をギリシャ語の「ポリス生活の技法」(politiké techné)と説明しているが、それは、「ポリスのなかで市民として共に生活するための能力」であった(11)。ヘンティッヒによれば、学校こそがこうした「シヴィリタス」を育成できる唯一の公共的空間なのである。

一九七〇年代後半以降、日本の子どもが情報化・消費社会化の波のなかで、個人主義化し、私的欲求を膨らませ、他者との関わり合いを避ける傾向が強くなったことは、すでに指摘してきた通りである。こうした心的傾向が、子どもたちの「学校からの逃避」を促進したことは否定できない。問題は、学校が個別化した子どもたちの多様な要求を受け入れつつも、同時に、ヘンティッヒの言う「シヴィリタス」としての生き方を自然に獲得してゆける空間になっているか否かという点にある。これからの学校は、個人の反省的な選択能力を広げると同時に、他者と共に生きる共同性をもしっかりと育成することが求められるからである。個性化や私事化原理だけで学校を考えるのは、視野狭窄と言わなければならない。最後に、情報・消費社会における学校像をデザインするための基本的条件を、四点にまとめておきたい。

まず第一に、子どもを従来のように〈ホモ・エドゥカンドゥス homo educandus〉としてではなく、〈ホモ・ディスケンス homo discens〉としてとらえ直すことが必要である。〈ホモ・エドゥカンドゥス〉は、近代化の途上にある学校に通い、学校教育を受けることで、社会生活に参加する能力を獲得していったが、〈ホモ・ディスケンス〉は、学校以前、学校以外の場所で、その多様な〈関わり合い〉や経験を通して、すでに多くを学んでいる。学校はそうした学びをより組織的に行い、経験的に獲得したものを理論的に基礎づけたり、新たな認識を獲得したりする場となる。

第二に、**学校は知識伝達の場である以上に、子どもたちの共同生活の場**（**ポリス**）**であり、コミュニケーション能力を磨く場である。**授業の場で、それぞれ異なった経験を有する子どもたちが、互いの経験を踏まえた解釈を折り合わせながら、問題解決に取り組む姿勢を養うことが、これからの学校の課題である。ここでは、授業を通して、あるいは生活場面で、ハーバーマス（J. Habermas）の言う「コミュニケーション的理性」が磨かれていくはずである。言いかえると、他者との関わり合いのプロセスで、子どもの「討議能力」(Diskursfähigkeit)が、ごく自然なかたちで培われていくことが望ましい(12)。

第三に、情報・消費社会における学校は、近代化の時代のように、概念化された文字文化と画一的な規範だけが支配する機能空間ではない。そこでは子どもが、他者、自然、事物と〈関わり合い〉つつ経験や体験を通して実感的に学べる意味空間であることが必要である。**そこでは、一人ひとりの子どもにとってのリアリティとアイデンティティがともに獲得できる学びが求められる。**情報・消費社会は、子どものリアリティの獲得とアイデンティティ形成をますます拡散化させる傾向にあるが、学校はこの困難な問題に対応してゆかなければならない。

第四に、これからの学校では、教師だけが子どもの学びに関わり合うのではなく、親を含めた地域住民、養護教諭、カウンセラー、栄養士などの支援スタッフが、連携し合いながら、それぞれの立場で子どもにかかわるべきである。教科指導、教科外指導のいずれにおいても、こうした連携が強く望まれる。各学校ごとの年間カリキュラムの作成に際しては、子どもの意見、父母、地域住民、養護教諭、カウンセラー、学校栄養士などの声が反映することが望ましい。それは、学校の運営を従来のように教師集団だけに任せるのでなく、多様な声を教育内容に反映させ、学校を、子どもはもとより、家庭、地域社会に対しても、開かれたものに変えていく必要性があるからである(13)。

六　おわりに

いま学校は、多くの批判にさらされている。それは一九七〇年代後半以降、情報と消費を特徴とする社会が生まれ、人々の意識が個別化し、生産性や効率よりも「意味充実」を求めるライフスタイルが浸透してきたにもかかわらず、学校は相変わらず近代化型の教育に安住してきたという経緯があるからである。

しかし、これからの学校は、〈ホモ・ディスケンス homo discens〉としての子どもと大人が寄り集まり、互いの知恵や情報を交換し合う、地域における「学びのネットワークの拠点」としての性格を強くしていくであろうし、多様な人々が学校に自由に出入りするという意味では、「共生（conviviality）の技法」がごく自然に身につけられる場になるであろう。それには、学校を、近代化を支える閉鎖的な「機能空間」としてではなく、子どもと大人の異世代間の交流のできる開かれた「意味空間」に組みかえていくことが求められる。すでに述べてきたように、古代ギリシャにおけるポリス的生活やヘンティッヒの提唱する「市民性」を獲得するための「経験の空間」としての学校論などが、私たちに豊かな示唆を与えてくれるはずである。

【註】

（1）読売新聞、一九九八年四月四日付、朝刊。

（2）これからのポスト近代化時代の学校の新しい役割については、以下の拙著に詳述してあるので、ご参照いただければ幸いである。『学校のパラダイム転換――〈機能空間〉から〈意味空間〉へ』（川島書店、一九九七年）。

（3）藤沢市教育文化センター『平成一二年度「学習意識調査」報告書――藤沢市立中学校三年生・三五年間の比較研究』（二〇〇一年、七三頁）。

（4）見田宗介氏は、次の著書で「情報・消費社会」の有する両義的側面（「効用的情報・物的な消費」とその彼方にある「原的な生の消尽」の可能性）を詳細に分析している。
・『現代社会の理論――情報化・消費化社会の現在と未来』（岩波書店、一九九六年）。

（5）浅田彰『「歴史の終わり」と世紀末の世界』（小学館、一九九四年）。

（6）子どもたちが、現在の学校に「息苦しさ」を感じ取るのは、子どもの日常である情報・消費社会と機能主義的な学校空間との間に、大きなズレが生じているからである、と山下英三郎氏も指摘している。
・「学校はどこへ向かうべきか」（日本教育学会編『教育学研究』、第六五巻、第一号、一九九八年、八～九頁）。
・「どうして学校は息苦しいか」（佐伯胖他編『学校像の模索』、岩波書店、一九九八年、五七～七六頁）。

（7）H. von Hentig: *Schule als Erfahrungsraum? Eine Übung im Konkretisieren einer pädagogischen Idee*. Stuttgart, 1973.

（8）H. von Hentig: *Das allmähliche Verschwinden der Wirklichkeit*. München, 1987.

（9）H. von Hentig: *Die Schule neu Denken*. München, 1993, S. 215-232.

(10) H. von Hentig: a. a. O., S. 230.

(11) H. von Hentig: a. a. O., S. 279.

(12) J・ハーバーマス著、三島憲一他訳『道徳意識とコミュニケーション行為』(岩波書店、一九九一年、七三頁以下)。

(13) 学校の閉鎖性は、子どもを未熟な〈ホモ・エドゥカンドゥス homo educandus〉と見なして、学校内にすべて囲い込もうとする教師の過剰な「教育責任」の発想から生まれることを、筆者は、左記の論文で指摘したことがある。

・「教師のもつ『権力』を考える」(佐藤学他編『教師像の再構築』、岩波書店、一九九八年)。本書、第一一章に収録。

第七章　学校空間を開く

一　自己形成空間の再構築

いよいよ二一世紀を迎えて、いま教育界では、「二一世紀の教育」に向けた議論が盛んである。そこには、ＳＦ小説のようなバラ色の未来を予言するものから、環境破壊による人類の滅亡を暗示するものまで登場し、「新しい時代」のイメージを一つに結晶させることは難しい。

二一世紀は、一体どのような社会になるのだろうか。率直に言って、それは予想がつかないというのが、大方の実感であろう。あらゆる予測を越えた展開になることが、二一世紀の社会の特徴とも言えそうだからである。

とはいえ、立場の違いを越えて予想できることは、都市化、情報化、消費生活化、高齢化という二〇世紀末の現象は、さらに加速化されるであろうという点である。

そこで、本章では、こうした社会現象が進行する中で、生命体としてこの世に生まれ落ちた〈ヒト〉の子が、意味の世界を生きる〈人間〉にまで成長していくことの困難さや問題点を考察しながら、これからの学校のゆくえを探ってみたい。

諸刃の剣として「豊かな社会」

現代の子どもたちは、三つの「間」を失ってしまった、ということが言われはじめて、すでに久しい。三つの「間」とは、「時間」と「空間」それに「仲間」である。なぜ、こうした事態が生じたのだろうか。

一九五〇年代後半から七〇年代半ばにかけて急成長を遂げた日本の経済力は、短期間のうちに、主要先進諸国と肩を並べる「豊かな社会」を出現させた。高度経済成長は、諸外国から驚異のまなざしで見られ、「ジャパン・アズ・ナンバーワン」(E・ヴォーゲル)との称賛まで浴びた。しかし、その裏で、急速な経済成長が、日本人の伝統的な生活様式を変容させ、子どもの成長に必要な多様な関係的世界を、その根底から崩壊せしめてきたことは、ごく最近まで気づかれることがなかった。

日本人は、それまでの「貧しい社会」からの脱出に懸命であったから、「豊かな社会」の獲得と引き換えに、貧しいけれどもゆとりのある「暮らし」を捨て、「忙しい社会」(business society)を引き受けることの危険性を、ほとんど自覚してこなかった。

一九七〇年代以降のビジネス社会は、それまでの大人と子どもの日常生活を一変させた。一言でいえば、**自然のサイクルの中で、他者とともに生活する「暮らし」が消滅し、日常生活の全体が、生産のサイクルの中**

に呑み込まれていったのである。大人は「会社」の中に吸収されて、単身赴任を続け、子どもは学校のなかで、受験の階段を上る受験戦士となった。だから正確に言えば、三つの「間」を失ったのは、むしろ大人たちの方であった。子どもは、大人たちの作り出した「忙しい社会」の巻き添えを被ったと言うべきであろう。

小学生の頃から腕時計をはめ、手帳や携帯電話を持ち歩き、一日のスケジュールをこなす生活。学校、塾、自宅という三角地点の移動を繰り返すだけの生活。そしてクラス仲間以外の遊び友達を作ろうにも、そうした出会いの場そのものが消滅してしまった地域社会。多様な出会いの場を喪失した子どもたちの生活を、私たちは笑うことはできない。それは、まさに今日の大人の生活の縮図なのだから。

夕暮れどきの神社の境内や空き地で、仲間とともに心ゆくまで隠れん坊をしたり、縄跳びをして遊ぶという、画家の谷内六郎や原田泰治が描き出したような牧歌的な風景は、この日本からすっかり消えてしまった。私たちは、「豊かさ」、「便利さ」と引き換えに、何か途方もなく大切なものを切り捨ててきたのではないか。経済成長やバブルの時代が終り、平静さを取り戻して、ようやく私たちは、失ったものの大きさに気づきはじめているのである。

「自己形成空間」の崩壊

生物として生まれた〈ヒト〉の子が〈人間〉になるには、多様な世界との「出会い」や「関わり合い」が必要である。乳児、幼児期における母親との関わり、学齢期におけるクラス仲間、遊び仲間との関わり、おもちゃや道具との関わり、動植物といった自然との関わり。あるいはまた異次元の空想的世界との関わり。そうした「多元的な関わり」こそが、子どもの自我を閉塞状態から救い、この世界を生き生きと見つめるまなざしを育成する。

自己形成空間とは、子どもが様々な他者、事物、自然と「出会い」、「関わり合う」過程で徐々に形成されていく情緒に彩られた「意味空間」であり、「交流の舞台」でもある。かつてドイツの教育学者O・F・ボルノーは、それを「体験された空間」と呼んだ。

第一に、それは、学校の校舎やグラウンドのような物理的空間そのものを指すわけではない。それはむしろ、子どもの遊び、戯れ、空想、活動などの多次元的な関わり合いを通して広がる「関係的世界」をさしている。

第二に、それは対象を一方的に操作する空間でもない。子どもが竹トンボを作ろうとして竹藪に分け入り、小刀で竹を切っているうちに、指に怪我をしてしまうような、「能動と受動の入り混じった」空間である。その意味では、受苦的、パトス的空間と言うこともできよう。

第三に、それは、子どもの心身の全体をつかった直接経験の場でもある。子どもが、全身で他者、事物、自然と関わり合い、「多様な経験が増殖されていく場所」、それが「自己形成空間」である。

子どもは、このような濃密な「関わり合い」に満ちた自己形成空間をくぐり抜けることによって、原生の自然の怖さを知り、他者の痛みを知り、事物の扱い方をごく自然に身につけてきた。高度経済成長期以前の日本の子どもたちは、貧しい暮らしのなかに置かれていたが、少なくとも「自己形成空間」の上では、恵まれていたと言うことができるであろう。

ところが、経済成長が達成された一九七〇年代半ばを分岐点として、子どもたちを育んだ豊かな自己形成空間は崩壊の一途をたどる。

第一に、原っぱや雑木林の開発によって、遊び場が失われ、子どもたちの周辺から原生の自然や空き地が削り取られていく。さらに子どもの冒険心や想像力をかきたてる隠れ家や秘密のアジトなどの秘儀的空間も消滅していく。代わって、コンビニの自動ドアのように透視できる監視空間が、子どものからだを包み込んでいく。

第二に、おもちゃの電動化とプラスティック化とともに、刃物などの危険な道具類が追放されていく。加工される以前のなまの事物が、子どもの周辺から姿を消し、代わって「ピカピカ、ツルツルした既製品」が、子どもにあてがわれる。

第三に、遊びのメディア化と室内化によって、子どもと「他者」との関係性すらも寸断されて、子どもの意識が映像などのメディアの世界に吸収されていく。

こうして、残されたものは、「関わり合う相手」を喪失して、孤立化し、メカニズムとメディアの世界に呑み込まれていった子どもの自我そのものである。子どもたちのからだが、ボタンひとつ、スイッチひとつ押すだけで、欲求を満足できる、便利で快適な消費空間に次第に包まれていった。

「関わり合い」の回復に向けて

一九九九年一月に起きた、栃木県黒磯市における中学一年生のバタフライナイフによる女性教師刺殺事件は、教育界に大きな衝撃を与えたが、それ以来、すぐに「キレる」子どもが話題になることが多い。子どもに忍耐力がなくなった、生命の貴さがわかっていない、ストレス社会の反映だ、栄養に片寄りがある、などの意見が続出したが、いずれも近視眼的で、十分に納得のできる説明は少なかったように思う。

今日における子どもの問題行動の根源は、多様な関係性からなる「自己形成空間」が崩壊の危機にあり、子どもたちの自我が、「関わりながら成長する相手」を見失って、宙づり状態に置かれている点にあると、筆者は考えている。

気の合う仲間との会話は好むが、それ以外のちょっとした「関わり合い」すらも避けたがる子どもたち。大自然の中でテントを張ってのキャンプ生活や自給自足の農園での生活に、怯えや恐怖感すら感じる子どもたち。いずれも自然、事物、他者からの予期せぬリアクションに怯えているのである。快適な消費空間に慣れ切った子どものからだと心が、原初的な「関わり合い」を要求される場所に引きずり出されることに、本能的な拒絶反応を起こしているのである。

そこでは、子どもの自我は、多様な次元での受苦的「関わり合い」を経験していないために、保護膜で被われた胎児のような状態にある。自己防衛的で、ちょっとした外側からの働きかけにも、貝のように殻を閉ざすか、過剰反応を起こすデリケートな子どもたちが増えた。経済成長優先の社会は、子どもから多様な「関わり合いの場」を剝奪してきたことで、子どもの成長を培う土壌そのものの栄養源をも分解させてしまったのではないか。

したがって、いま求められているのは、学校で授業をどうするかという議論ではない。子どもという生命体が生息する痩せ衰えた荒れ地に早く気づき、そこに水や堆肥を補給することで、「自己形成空間」という豊かな土壌をもう一度取り戻す方策を、あらゆる知恵を尽くして考えることである。それを考えることは、教師や親だけの問題ではない。「豊かな社会」の逆説を見抜けなかった大人世代全体が負うべき重い課題なのである。

二　ホモ・ディスケンス〈homo discens〉

教育学の研究の道に入ってから、大学院時代を含めると、今年でちょうど三〇年目になる。私は、一九六九年に大学院に進学し、主にドイツの教育人間学の動向を探る研究をしてきた。

あの頃の日本は、高度経済成長のまっただ中にあり、戦後の新教育の時期とは異なって、科学技術の振興政策に直結した「教育の現代化」が一世を風靡した時代であった。現に、大学院修士課程の専門の入試問題は、「教育の現代化とは何か」であった。あの頃、ドイツ哲学やギリシャ哲学ばかりに没頭していた私は、この問題を見て愕然とし、悪戦苦闘したことを悪夢のように思い出す。

一九五〇年代の教育界は、プラグマティズムやマルクス主義が全盛であり、六〇年代には、J・S・ブルーナー等の現代化論が加わり、科学、技術、進歩、発達が時代を先導するキー・コンセプトであった。「実証科学」でないものは学問ではないと見られていた時代であった。

しかし、日本が高度経済成長を達成し、第一次オイルショック（一九七三年）を経験する頃から、日本社会の構造が大きく変わり、本章第一節で説明した「自己形成空間」の衰弱化など、子どもをめぐる問題の質が大きく変わりはじめた。一九七四年は、戦後史上はじめて日本の経済成長率がマイナスに落ち込んだ年であるが、ちょうどこの時期が、子どもの生活世界の大な変わり目でもあったことは、意外に自覚されていない。

「教育問題」の変容

今から考えてみると、高度経済成長の終焉する一九七四〜五年は、日本における「教育問題」の性格が大きく転換する時期でもあった。

ここに、大変興味深いデータがある。文部省の発行した『生徒指導上の諸問題の現状と文部省の施策について』（一九九七年一二月）の中に、「学校ぎらい」を理由として、年間五〇日以上欠席した、いわゆる「不登校」の児童・生徒の数が、年度別の棒グラフで示されている。これを見ると、学校に行かない子どもの数は、一九五〇年代から目だって減り続けてきた。中学生は一九七二年が最低の数値で、七〇六六人、小学生は、一九七四年の数値が最低で、二六五一人になっている。そしてそれ以後、小中学生ともに、その数は急上昇し、一九九七年度では、小中学生を合わせて、十万人を越えたことは周知の通りである。このデータを見ると、**家にいた子どもたちは、七〇年代前半までは、次々と学校に戻るようになり、逆に七〇年代後半からは、次々と学校から逃避するようになったことがよくわかる。**

子どもたちは、なぜこのようなU字型の急カーブを示しながら、学校から逃避しはじめたのか。学校に対する子どもの受けとめ方が、一九七四～五年を境にして、大きく変わったのだと、私は考えている。つまり、この時期までの日本の「社会問題」の原因の多くは貧困と無知であり、社会を啓蒙し、豊かな家庭生活へのパスポートを保障する場が、まさに学校であった。文部省の発行した『学校基本調査報告書』（一九九七年）を見れば、全国の高校進学率が、一九五〇年から一九七五年の二五年間で、約四二％から約九〇％にまで倍増した驚異的な事実を知ることができる。

この頃までの国民にとって学校は、まさに「救いの神」であったのだ。生活が貧しく、封建的因習の残る家庭や地域から離れて、学校で「教育を受けること」は、子どもたちにとっても救いであった。この時期までの学校は、子どもにとって、「解放的機能」を果たしていたと言ってよい。科学、学力、進歩、啓蒙的知識人、専門職としての教師などのイメージが、貧しく、無知な社会からの脱出を保障してきたからである。

ところが、すでに述べたように一九七五年頃を転換期として、日本社会の「近代化」は終わりを告げ、この時期以降の社会問題は貧しさや無知ではなく、産業化されたビジネス社会（business society 忙しい社会）から、どう「人間的なゆとり」を取り戻すかという問題に移行する。忙しい社会に最も早く悲鳴をあげたのが、七〇年代の「脱サラリーマン」であり、学校で言えば、不登校になった子どもたちであった。

ところが、当時はまだ、こうした子どもたちの心の叫びを理解できた者は、ほとんど稀であった。当初、彼らは「学校恐怖症」や「学校不適応児」という「科学的な」ラベルを貼られ（labeling）、長いこと病人扱いされてきたのである。ごく最近まで、登校を「拒否する」わがままな、困った子どもたち（登校拒否）として、扱われてきたのである。

そこには、七〇年代の半ばを境にして、社会が変わり、学校の役割が変わったにもかかわらず、相変わらず「近代化」の時代の意識で子どもを学校に囲い込もうとしてきた教師や親、教育学者、行政担当者等の社会変化に追いつけない感覚の鈍さが露呈している。

〈ホモ・ディスケンス〉

一九七〇年代以降、日本は高度情報社会に突入する。これ以降に育った子どもを、それ以前に成人した人と比べると、ある点で大きな違いが認められるように思う。それは、知識を「活字」として受け取る世代と、「情報」として受け取る世代の違いである。

高度情報社会に育った子どもたちの身の回りには、テレビであれ、ゲームであれ、CDであれ、携帯電話であれ、映像と音の情報が満ち溢れている。彼らの感覚は、こうした情報を受け入れたり、聞き流したりしながら、磨かれていく。新しい情報に敏感であること。それが彼らのライフ・スタイルにもなっている。つまり彼らは無意識のうちに、情報を取捨選択して生きる「自ら学ぶヒト」なのだ。精神科医の神谷美恵子は、こうした子どもたちを〈ホモ・ディスケンス〉(homo discens)と呼んだ。この〈ホモ・ディスケンス〉は、語源的には「自ら発見するヒト」であるが、それは、「自己の世界をつねに新しく、瑞々しく発見できるヒト」の意味でもある(神谷美恵子『こころの旅』みすず書房、一九八二年、六八頁)。

近代化時代の子どもは、学校に通い、活字の知識を修得し、その「知識のストック」を通して世界を、科学的に分析する技法を学んだが、そこでは、教師や教材が決定的な役割を果たしてきた。教師がいなければ、また修得すべき教材(知識)がなければ、子どもは学ぶことができなかった。その意味では、近代化時代の子どもは、I・イリイチの言う〈ホモ・エドゥカンドゥス〉(homo educandus)、つまり「教育を要するヒト」であった。そこでは、学校、教師そして教材が、中心であった。貧しく、無知や偏見の渦巻く社会では、子どもは学校や教師の啓蒙的知性に依存せざるを得ないのだ。

ところが、高度情報社会は、いつでも、どこでも学べる社会を生み出した。そこでは、自己学習が基本となる。予めプールされている一定の文化内容を修得するためにではなく、「自分の生き方を自分で決定する力を磨き上げる」ためにこそ、人は学ぶ時代になった。

情報化時代の子どもたちの感受性は、大人世代とは比べものにならないくらいデリケートである。大人世代は、貧しい時代を過ごしてきたから、衣食住を中心とした豊かな生活ができれば、さほど不満がない。衣食が足りてから、その後で、礼節や「生きがい」が問題になる。

ところが、現代の子どもたちにとっては、豊かな社会は「与えられたもの」であって、自ら獲得したものではない。だから、豊かな社会の恩恵は、さほど実感できない。それよりも、欲しいものは、多種多様な情報、意味、生きがいといった自己実現である。「楽しいこと」、「輝いていること」、「自分らしいこと」が、彼らのライフ・スタイルのモットーである。だから、彼らにとって、活字の知識だけが意味があるのではない。映像も音楽もパフォーマンスも、すべて自己実現の一つと見なされるのだ。

〈教育を要するヒト〉から〈自ら学ぶヒト〉へ

こうして、子どもたちを、近代化時代の〈教育を要するヒト〉から、現代の〈自ら学ぶヒト〉としてとらえ直す必要性が生まれてくる。そこには、どのような違いがあるのか。

第一に、〈教育を要するヒト〉は、学校に通い、集団生活に適応し、社会生活の準備をするために、学習している。学校に通わなければ、学力が身につかず、したがって社会生活のも支障をきたす。学校は彼らにとって、義務的なものである。ところが、〈ホモ・ディスケンス〉にとって、学校は、日常生活の学びの延長線上にある。他者と関わり、ものを作り出し、自然に触れながら、自分にとってリアリティのある学びを生み出していくことが重要なのだ。

第二に、〈教育を要するヒト〉は、忙しい産業社会を担う人材でもある。学校は、社会で有用な人材を作り出すための人材養成工場にも似た場所であった。しかし、〈ホモ・ディスケンス〉は、ポスト産業社会を生きる人間である。生産性の向上よりも、人間としての自己実現を求めて、彼は学び、働くことになる。〈ホモ・ディスケンス〉が求めるものは、自分にとって「意味のある学びや仕事」であり、学びがいや仕事のしがいこそが、その生き方の中核を占めることになるであろう。

第三に、〈教育を要するヒト〉にとっては、学びや仕事の結果がすべてであるが、〈ホモ・ディスケンス〉にとっては、結果よりも、むしろそのプロセスの充実感の方がより重要である。学ぶ楽しさ、作り出すことの喜びを知ることこそが、豊かな人生を実現するための基礎になると考えられるからである。

三　〈学び合うトポス〉としての学校

一九九九年の一月一日の読売新聞に掲載された多田富雄・東大名誉教授（免疫学）のエッセイ「『環境ホルモン』が象徴する危機克服のために」は、日本の医学界における新しい「生命」観の誕生を紹介したものである。それは、教育哲学を専門とする私にとっても、実に豊かな示唆を含む内容であった。

このエッセイで、多田氏は、近年流通している「環境ホルモン」という「不思議な造語」の由来に着目している。そこには、「これまでの生命観をゆるがすほどの深い意味が隠されている」と言う。

従来の生命観によれば、人間の生命保存の問題は、自己を取り囲む地球環境、生態系などの「外部環境」と、体温、ホルモン、体液の組成、栄養素などからなる「内部環境」とに画然と区別され、環境問題の系列(物理学、生物生態学など)と生命活動の新陳代謝の系列(医学、栄養学など)は、それぞれ別領域の問題と見なされてきた。

ところが、「環境ホルモン」なる造語が出現すると、「身体」と「環境」という二分法が意味をなさなくなり、生命活動が外部環境と深くつながった「開放構造」であることを認めざるをえなくなったのである。当然、人間の生命も、閉ざされた内部組織としてではなく、環境に開かれたシステムであり、むしろ「環境の一部」として人間が存在していた事実が自覚されてくる。

この多田氏の指摘は、従来の生命観の反省を促すばかりでなく、これからの教育、とりわけ学校のゆくえを考える上でも、多くの示唆を与えてくれるように思う。

時間論から空間論へ

二一世紀の学校を考える際には、時間論ではなく、空間論に基づいて構想すべきだということを、私はこれまで提案してきた。その意味するところを、新しい生命観とも絡めながら、簡潔に述べてみたい。

明治期以来の日本の学校は、社会の近代化という路線を忠実に遂行していくための下請け機関であった。近代化の中身は、その時々によって若干異なるが、概ね産業化(富国)、技術革新、合理化、民主化などであり、学校では、そうした近代社会を担う人材が養成されてきた。つまり学校が社会を先導するかたちで、教育がなされてきたのである。一九六〇年代末までは、「社会進歩を担う学校」というスローガンに違和感を抱く者は少なかった。

この近代化の時代には、学校の「カリキュラム」は、まさにラテン語の語源がそうであるように、子どもたちがひた走る「走路」(currere)を意味していた。近代化に必要な知識・技術を効果的に習得させるためには、どのような「走路」を考えればよいのか。ちょうど障害物競走のように、山あり、谷ありで、子どもが全速力で走ったり、高く飛んだり、網状の袋をくぐったり、平均台を慎重に歩いたりするという、起伏に富んだ「走路」の工夫が、カリキュラム開発の眼目であった。

月曜日から土曜日まで、子どもたちは、飽きることのないようにと周到に工夫された、この走路上をひた走ってきたのである。そこでは、学校教育の視界は、進歩を先取りする「内部環境」に閉ざされており、「遅れた」学校外の世界は全く視野に入っていなかった。

ところが、日本社会が、後発近代化の課題を達成し、米国に次ぐ高い生産力を維持できる一九七〇年代後半になると、「社会進歩」という課題そのものが消滅する。さらに情報化・消費生活化の進展に伴い、学校は、子どもたちの眼からみて、「外部環境」との交渉を閉ざした「息苦しい空間」として映るようになる。情報化や消費生活化によって、学び手や消費者の「自己決定」や「選択」が重視される時代になったにもかかわらず、学校だけは、相変わらず「内部環境」で用意された定食メニュー（カリキュラム）を強要し続けてきたからである。

しかし、考えてみれば、子どもたちは、いつも家庭、学校、地域、塾、情報空間などを多様に移動しながら生活している。学校が社会を先導できた時代には、そうした空間の移動は全く無視されてきたが、そうした多様な空間の中にこそ、子どもの〈経験〉や〈学び〉の基盤が潜んでいたことが、ようやく自覚されてくる。

これからの学校は、家庭、地域、塾、情報空間などの「外部環境」に開かれた「開放系」として自己脱皮することが求められている。これまでは、生命体（人間）が「外部環境」をコントロールするように、学校が「社会進歩」を担う役割を与えられてきたが、これからは、グローバル化した世界との相互交流を通して、学校の〈いのち〉を絶えず新たにリフレッシュしていくことが求められる時代になったのである。

〈閉鎖的空間〉から〈開かれたトポス〉へ

学校を空間としてとらえ直すということは、具体的には、一人ひとりの子どもの生活世界の違いを認め、それぞれにふさわしい〈生活〉と〈学び〉が可能な空間に、学校を再生させていくことを意味する。

ここで私のいう空間とは、タテ、ヨコ、高さという三次元のユークリッド幾何学の空間ではなく、ギリシャ語で「場所」を表すトポス(topos)に由来する空間である。哲学者の中村雄二郎氏は、そのトポス論において、従来の空間論ではなく、新らたに求められるようになったトポス論の地平として、以下の三点をあげている。

① 存在根拠としてのトポス

それは、人間の意識の隠れた存立基盤をなす共同体や無意識の世界であり、諸個人の「生活世界」が形成される「共同の場所」を表している。人間は、具体的な場所を欠いた抽象的理性の世界に生きているのではなく、「共同の場所」の形成する世界の中に生きている。子どもの「個性」とは、厳密に言えば、一人ひとりの生きてきた「生活世界」の違いに他ならない。

② 身体的なものとしてのトポス

私たちの生きる場所は、すべて身体感覚によって意味づけられ、分節化された空間である。子どもが自分の部屋で本を読んでいるときと、教室に身を置いているときの自分とは、その緊張度において大きな差が生まれる。それは、疲れたときには、背伸びをしたり、寝転んでもよい自分の部屋と、それが許されない授業中の「身体感覚」の違いでもある。

③　象徴空間としてのトポス

私たちの目にする対象はすべて意味づけられており、人はその意味の網目という世界の中に生きている。ある教師Aの授業中には沈んでいる子どもが、別の教師Bの授業中では活気に満ちた活動に取り組むことがしばしば見られる。それは、同じ教室空間であっても、その空間の作り出す意味が、教師Aと教師Bとでは、異なっているからである。同じ教室が、相手との〈関係性〉によって、愉快にも、息苦しくも見えてくるものなのである。

このように、トポス(場所)とは、中村氏によれば、子どもの存在根拠であり、身体感覚的なものであり、象徴的なものである。そう考えれば、従来の授業論は、子どもたちの〈まなざし〉に映る学校建築、教室空間、職員室、体育館、廊下、グラウンドなどの象徴的意味を全く無視して、子どもを学校という「容器」の中に押し込めようとしてきたことがわかるであろう。

〈学び合うトポス〉としての学校

一九九二年に、私は『子どもの自己形成空間』という小著を発表し、その自己形成空間の視点をさらに発展させて、一九九七年に『学校のパラダイム転換』(いずれも川島書店)を上梓した。学校のパラダイム転換とは、すでに述べたように、時間軸において学校を考えるのではなく、家庭、学校、地域、情報空間など多様な生活世界を横断的に生きる子どもの自己形成の視点から、学校のあり方を再構築すべきであることを提唱したものである。その要点を、最後に紹介しておきたい。

第一に、これからの学校は、何よりもまず一人ひとりの子どもが、その存在そのものにおいて承認される「居場所」でなければならない。その場所が「存在の根拠」とならないところでは、人はそもそも自分らしく生きることができない。例えば、警察の取調室や病院の手術室のようなところでは、人は自在に自分を表現し、他者と語り合うことはできないであろう。

第二に、これからの学校は、子どもが、思い切った知的挑戦を行い、試行錯誤し、失敗することを何とも思わない、ゆとりと笑いに包まれたトポス(場所)でありたい。学ぶとは、吸収することではなく、「自分を開くこと」に他ならない。学校は、生きる元気や内に潜む「諸力が自ずから湧き出てくる」場所でありたい。

第三に、これからの成熟社会においては、人は試行錯誤を通して「新しい自分」を発見し、「自分とは何か」を探し続けるためにこそ学ぶのである。まさに一人ひとりの子どもの「自分探しの旅」の舞台となることこそが、これからの学校に期待される役割である。

こうして、二一世紀の学校では、子ども、教師、地域の人々が、互いに交流し、学び合いながら、「自分探しの旅」を続けてゆけるトポス(場所)として、新たに再生することが求められているのである。

第八章　リアリティを生きるための総合的学習

一　H・ガウディヒ実科学校のガイダンス風景

一九九五年五月から一九九六年三月まで、私は、ベルリン自由大学の客員研究員として仕事をするかたわら、ベルリン市内やブランデンブルク州にある数多くの小中学校を参観する機会を得た。これからの時代にふさわしい「総合的学習」をどう構想するか、というテーマをいただいて、私がまず思い起こしたのは、一九九六年二月に訪れたある公立中学校の風景である。まずその印象から記してみたい。

ベルリン市内にあるフーゴー・ガウディヒ実科学校（二〇世紀初頭のドイツの新教育運動のリーダーの一人の名前を冠しているが、れっきとした公立中学校である）では、ちょうどその日に、新入生とその父母に向けた学校ガイダンスが催された。土曜日の午前一〇時、子どもと父母が集合すると、私たちは体育館に案内された。スラリとした一〇人ほどの女生徒が、軽快な音楽に合わせて、歓迎のラインダンスを踊って見せてくれた。それが終わると、ロリス校長が、私たちを教室に案内した。

最初は、フランス語の模擬授業。五～六人の生徒が、フランス旅行から帰った友人との会話という設定で、フランス語による約一〇分ほどの寸劇を披露してくれた。つぎの部屋では、教室の四面に展示されたアウシュビッツ強制収容所の写真とその説明があった。資料の収集や写真の引き伸ばしなどは、すべて生徒の手によるものであると言う。

つぎの教室では、当日の英字新聞を使った英語の授業が行われた。前日にイギリスのタンカー船が火災を起こし、重油が大量に海に流れ出すというニュースがあったばかりであった。教師は、このニュースをどのようにして知ったか、重油が大量に海に流れ出すと、生態系にどのような影響が出るかなどの疑問を生徒に投げかけ、グループで英語で議論させながら、まとめられた意見を発表させていた。この他、コンピュータを使った物理の実験や自分たちが実際に着る衣服のデザイン実習なども大変興味深いものであったが、ここで紹介する余裕がない。いずれの授業も、日常の身近な出来事を、そのまま題材としていることに驚かされた。

最後に、広い講堂で、生徒によるロック・コンサートが開かれた。トルコ系の女生徒たちが見事なハーモニーを披露してくれた。ステージの合間に、校長がマイクを握って簡単なお礼の挨拶をした。その間、玄関のホールでは、生徒による模擬店が開かれ、彼らの手作りの学校紹介のパンフレット、しおり、壁掛けなどが販売されていた。教師が作成した資料は一切ない。教師は完全な脇役に徹していた。何もかもが、生徒の手作りによる学校ガイダンスであることに、私は驚きと同時に、一種の清々しさを覚えた。

二　メディア・経験・他者

いま中央教育審議会では、社会の変化に対応した「横断的・総合的な指導」のあり方を検討している。これからの社会を、私たちは、どのように考えたらよいのか。それには、様々な議論がありうるが、少なくとも以下の三つの視点は欠かすことができないと思われる。

第一に、これからの私たちの生活は、戦後の経験主義の時代とは異なって、家族や地域といった肌身で感じられる空間を越えて、国家や国際関係などの地球的規模における情報に支えられるものとなる。つまり、メディアによる生活のグローバル化がますます進行する。

第二に、しかし他方で、一人ひとりの個人の生を支えるものとして、その人に固有な「経験」や「体験」に裏付けられた世界が意味をもつようになる。ドイツ語でいう「教養、陶冶」(Bildung)とは、もともと旅の途上で、自然や他者に出会い、受苦的な経験を経ながら、自己の内なる世界を築き上げていく過程を示している。そのような「自己に出会うための旅」「経験」を重ねる旅が、生涯学習に他ならない。

第三に、こうした多様な経験を積んだ人々が、互いに「他者」を受け入れ、共に生きていく共存の倫理が求められる。ここでいう「他者」のなかには、身近な人々ばかりでなく、外国籍の人々、高齢者、病人、障害をもつ人々なども当然含まれている。

こうして、①生活のメディア化とグローバル化、②諸個人に固有の「経験」の重さ、③多様な「他者」との共存という三点が、これからの社会の大きな課題となる。私たちは、戦後教育史上かつて経験することのなかった新しい社会状況に直面していると言ってよい。

三　〈関わること〉によるリアリティの回復

右に述べた生活のグローバル化は、主に一九八〇年代の高度情報化の進行とともに、もたらされたものである。いまや子どもの遊びにおいてすら、テレビやコンピュータは欠かすことができなくなった。バーチャル・リアリティ(仮想現実)という言葉もあるように、私たちは、メディアによる知覚と現実そのものの知覚との間に、明瞭な区別をつけにくい時代に生きている。

「リアリティ」という言葉も、かつての重みを失いかけている。ドイツの教育学者H・フォン・ヘンティヒは、『現実が徐々に消滅する』(一九八七年)という著書の中で、視覚と聴覚の複合によるニュー・メディアの登場によって、人々の現実感覚が希薄化し、あらゆるものに対して距離をおき、傍観者的に「見る」姿勢が醸成されてきたことを指摘している。そのことは、当然、子どもの世界にもあてはまる。

ヘンティヒは、一九七〇年代の初頭から、ビーレフェルド大学に附属の実験学校を作り、学校を「経験の空間」として再生させる実践を指導してきた。そこでは、子どもたちは、実に多様な「関わり」を通して「リアリティ」を学んでいく。この「関わり」は五領域に分けられている。

一、他者との関わり（触れる、語り合う）
二、事物との関わりA（表現する、造形する）
三、事物との関わりB（観察する、実験する）
四、からだとの関わり（緊張をほぐす、生命感覚を取り戻す）
五、言語化された世界との関わり（言語、論理、数学）

ここでは、子どもは視聴覚ばかりでなく、触覚、味覚、臭覚といった五感を使って、多様な「現実」を学んでいく。そうした五感を通して対象を知るところに、「経験」が成立する。「リアリティ」とは、対象にはたらきかけ、反作用を受けとめる中でしか獲得できないものである。

これからの総合的学習には、こうしたリアリティを獲得するための「関わり」を欠かすことができない。それは、様々な現実にはたらきかける行為なしには、子どもは、「自己」を発見することができないからである。その意味では、「リアリティ」、「関わり」、「自己発見」は、決して別々のものではなく、子どもの世界の意味生成のための重要な契機をなすものなのである。

第九章　失われた「他者」感覚を取り戻す

一　青少年の心に何が起きているのか

このところ日本では、常識では到底理解できないような不気味な青少年犯罪が続発している。「人を殺す経験をしようと思っていた」。これが、二〇〇〇年五月に、愛知県豊川市で見ず知らずの主婦を殺害した高校三年生が、警察で語った言葉である。事件の全容はまだわからない。しかし、もしも殺人の動機がこの言葉通りであるならば、何とも不可解な行為ではある。そればかりでない。

この事件に「先を越された」と感じた一七歳の容疑者が、九州自動車道で高速バスを乗っ取り、人質となった三人の女性を殺傷したのは、その直後のことであった。この少年は、一九九七年に自分と同年齢の「酒鬼薔薇聖斗」の起こした小学生殺傷事件に強い関心を抱いていたという。

あの事件は、当時一四歳の少年が医療少年院に送致されたこともあって、病的な性癖をもつ少年が引き起こした特異な事例として片付けられた感があったが、同年齢の少年が、またもや残忍な事件を起こしたのである。これらの少年たちの残した言葉や手記に共通するのは、その内に抱え込んでしまった、どうしようもなく深い心の闇であり、絶望的なニヒリズムの感覚である。

いま、青少年の心に一体何が起こっているのか。「モラルの喪失」を嘆く前に、彼らの閉ざされた心の闇に少しでも迫る必要があるのではないか。今日の青少年は、なぜ日常のモラルを根底から破壊するような虚無の世界に落ち込むようになったのか。その原因を探ってみたい。

二　「他者」感覚の希薄化

「人を殺す経験をしようと思っていた」という一七歳の少年の言葉を、思春期特有の心の病理として片付けることもできなくはない。しかし、利害や怨恨のためではない「殺人のための殺人」は、少なくとも一九六〇年代以前は、全く考えられないものであった。高度経済成長期以前の青少年は、半封建的で貧しい社会に生きており、親や地域の人々といった身近な「他者」の援助なしには、生活が立ちゆかなかったからである。あの頃には、貧しい生活から抜け出すことが、社会全体の夢であり、大人も子どもも、そうした「共同幻想」の世界を生きていた。

ところが、高度経済成長を経て、一九七〇年代半ば以降になると、「豊かな社会」が私たちの目の前に出現する。この社会は、モノの消費ばかりでなく、情報や記号の消費で成り立つ高度情報社会でもある。

互いに顔も分からない相手との匿名の情報交換が、電話や電子メールで頻繁に行われるようになった。「他者」の〈まなざし〉を意識せずに、買い物ができるコンビニが繁盛する時代になった。

また、バーチャルな世界では、煩わしい他者は介在しない。自分が好きなように、映像と対話すればよい。それぞれが、それぞれの個別の「現実」を生きる時代になったのだ。こうして、「身近な仲間以外はみな風景」といった「他者」感覚を欠いた青少年を生み出す土壌が用意された。

三　失われた「他者」感覚をどう取り戻すか

少なくとも一九六〇年代以前の日本においては、「人に迷惑をかけてはならない」という親の躾が、一般に行われていた。あの頃までは、相互扶助を旨とする農村共同体で培われた「世間」のモラルがまだ生きていた。

ところが、一九八〇年代以降は「人に迷惑をかけなければ、何をしてもよい」という感覚が、青少年の間に広がっている。実際に、そのような躾を行う親も少なくない。高度経済成長の過程で、「世間」という共同体的な規範が後退し、代わって個我が全面に躍り出る。現在の日本では、〈個我の欲望〉を規制するモラルが崩壊寸前にある。

「人に迷惑をかけなければ、何をしてもよい」という考え方で問題なのは、自分が存在するだけで、すでに家族、地域、社会全体の人々や実に多くの生命体の犠牲を強いているという、謙虚な感覚がスッポリと欠落している点にある。日々私たちが食している牛、豚、鶏、魚の生命、そして無数の植物への破壊、環境破壊など。しかも「迷惑」の感覚は、人によって異なることも理解されていない。

朝のラッシュの満員電車の中で、ヘッドフォンステレオでロック音楽を聞いている青年をよく見かける。彼は、ボリュームを下げている（迷惑をかけていない）つもりであるが、ドラムの音が外にシャカシャカと流れ出している。本人は、快適な気分で軽くリズムをとっているが、乗り合わせた人々は、不快な雑音につき合わされることになる。

「人に迷惑をかけているか否か」は、本人が決める事柄ではない。その場に居合わせた「他者」が決めることなのである。情報・消費社会は、こうした基本的な「他者」感覚を、なし崩し的に解体させてきた。そして「他者」をその目で見ていながら、見えていない未熟な「自己愛型」の青少年が、確実に増えてきている。

しかし、モラルが成立するためには、自分と同じように生を営み、自分とは異なった感覚を持って生きる「他者」が、自分の目の前にいるというリアルな認識が不可欠である。こうした「他者」感覚が崩れた人間関係においては、モラルの感覚そのものが退化していく。以上のことを踏まえて、最後に以下の三点を強調しておきたい。

第一に、「身近な仲間以外はみな風景」といった今日の青少年に見られる「他者」感覚の欠如という事態をしっかりと見据え、こうした危機的状況にきちんと対応していく教育が、いま求められている。子どもを情報空間ばかりでなく、遊びやスポーツ、共同作業などを通して、多様な他者と交わる体験の場を、できる限り用意する必要がある。

第二に、一九六〇年代頃までは残存していた共同体的な「世間」のモラルには、もはや依存できないことを自覚すべきである。とくにバブル期以降、〈個我の欲望〉を規制する大人のモラル自体が解体し、混迷の度を深めているのが現状である。まじめで誠実な青年たちが、新興宗教に走るのも、ある意味では理由のないことではない。

第三に、学校においては、失われた「他者」感覚を取り戻すために、学級づくりばかりでなく、学校の外部にいる多様な「他者」(障害をもつ人々、高齢者、異国籍の人々等)と積極的に交わる場面を、道徳の時間や総合的な学習の時間などで、確保すべきである。「他者と共に生きること」の難しさと喜びを、ともに味わえる授業を工夫したい。

第一〇章　子どもの経験と思考力

一　情報・消費文化のなかの子ども

近年、子どもとの関わりにすっかり自信を無くし、精神が不安定になり、休職や退職に追い込まれる教師が増えているという。新聞でも報道され、筆者の身近なところでも、こうした事例を聞くことが多い。その年代は、とくに四〇代から五〇代が多いという。

様々なケースがあるので、その原因を一つに絞ることはできないが、あえて言えば、「学級崩壊」の現象に見られるように、近年の子どもの振る舞いが、学校の中の「よき児童・生徒」という規範枠から大きくはみ出してきたことも、原因の一つに数えられるように思う。

それでは、子どもたちは、なぜ学校の規範枠から、はみ出すようになってきたのか。一九七〇年代からの急激な都市化・情報化・消費生活化の波は、日本の社会構造と日本人の意識を大きく変えてきたが、その影響は当然のことながら、子どもにも及んでいる。この点を、まず指摘しておきたい。

一九七〇年代以前の学校は、日本の近代化、民主化を担う人材育成の場であり、封建遺制にまみれた「遅れた地域社会」から子どもを引き離して、「村の子ども」を基礎学力と集団的規律のある「学校の子ども」へと「発達させていく」場であった。そこでは、学校と教師が、子どもの成長に大きく関与することになる。学校は、子どもに科学や民主主義を教え、学力をしっかりと身に付けさせることで、子どもを半封建的な地域社会の悪習から解放する役割を果たしていたのである。学校と教師は、子どもの発達と社会進歩を先導する、地域から仰ぎ見られる崇拝の対象であった。

ところが、前述のように、高度経済成長を達成した一九七〇年代半ば頃から、日本社会の構造が大きく変容する。第二次産業を中心とした重工業の時代から、第三次産業を中心とした情報化社会への転換。さらには、生産の時代から消費の時代への転換。それに伴って、社会進歩や集団の時代が終わりを告げ、自己実現と個人の時代が到来した。人々の学校崇拝熱もいつしか冷め、情報やメディアに関心が向けられるようになった。このように、いわゆる成熟社会の到来が、学校の価値を相対的に下落させてきたのである。

ちょうどこの頃から、「教育問題」の質にも大きな変化が現れてくる。それまでは、青少年の非行や問題行動の大部分は、学校外で生じた問題(暴力、窃盗などの「不良」行為)だったのに対して、この時期以降の「教育問題」は、学校の内部の出来事に集中するようになった。校内暴力、いじめ、不登校、教師への不信感と、子どもたちの「学校からの逃走」は止まるところを知らない。学力保障と集団的規律の論理によって特徴づけられてきた「学校文化」の威信が、一九八〇年代以降の「情報・消費社会の文化」の浸透によって、次第に突き崩されてくる事態が生じてきたのである。

二　生活者感覚の喪失

今や日本の子どもたちは、情報・消費社会の醸し出す情報と消費の世界の住人であり、テレビや携帯電話などのメディアを抜きにして、彼らの行動を説明することはできない。彼らは「児童、生徒」である以前に、情報・消費社会の落とし子(消費人)である。勤勉さよりも快適さを求め、建て前よりも本音を、あてにならない未来よりも、いま現在の楽しみを享受する。こうして、今や学校は、情報と消費という大海に取り囲まれた小さな孤島の様相に近いものとなる。

子どもが好むテレビ番組は、アニメや人気タレントが出演するバラエティ、音楽番組などであるが、そこでは生活や暮らしの臭いが、すっぽりと抜け落ちている。若者が好む歌には、ハイウェイを走るスポーツ・カー、海の見える高級レストランといった消費社会をバラ色に彩る風景が巧みに仕組まれている。トレンディ・ドラマと言われているものも、高級マンションを舞台に、生活臭のないツルンとした美男美女の出会いと別れの美学が繰り返される。

汗水たらして生きるのではなく、今をカッコよく輝いて生きること。刹那的な現在主義。未来には期待しない。情報・消費社会は、モノ文化という陳列商品をスマートに着こなす人間を求めている。そして、メディアは、その消費者を飽くことなく再生産し続ける。情報・消費社会という大海に囲まれた孤島である学校は、これだけでも、実に割に合わない闘いを強いられていることがわかるだろう。

しかし、これからの社会を生きていく上で本当に必要な力とは何だろうか。それは、生活者としての感覚であり、生活者として思考する力である。前述のように、日本の子どもたちは、地域社会から隔離され、メディアの中に呑み込まれることによって、便利な情報・消費社会のコードにすっかり取り込まれてしまっているように見える。家族の問題や地域の問題は、彼らにとってもはや他人事でしかないように見える。この世の中ではいろいろなことが起きるが、メディアを通して知らされる出来事は、彼らにとっては、単なる風景であり、他人事に等しいのである。

日常生活を「消費社会の美学」という操作されたフィルターを通して見るのではなく、生活の現実を直視できることが必要ではないか。そこに疑問や問題を感じ取る感性が養われること。生活者としての感覚を養うためには、自分たちが生活する家庭、地域、学校を自ら作り出す経験を重ねることが必要なのではないか。

三　「よく生きる力」とは何か――自己生成の力

それでは、生きるとはどういうことか。それは、いろいろな言い方ができるであろうが、私は次のように考えている。

人が生きるということは、動物の生命の存続と重なり合う部分があることは否定できないが、しかし、それとは相異なる次元を含んでいる。それは、人が生きるということは、その「生きる世界」が常に新たな統合を求めながら、更新されていくということである。この点に、人間と動物の「生」(Leben, life)の違いが見られる。

この生命の更新は、外部の世界と関わり合い、多様な問題に取り組む過程においてなされるものである。人間における「自己」とは、あらかじめでき上がっている実体ではない。**それは多様な関わり合いの過程で織り上げられていく「関係性の織物」の如きものである。だから、この織物は、関係性が徐々に組み替えられていくに従って、その色模様を変えていく。外部に働きかけながら、外部を変えながら、「自己」という織物をほぐしては、また編み直していくのである。このように、人が生きるということは、外部に働きかけ、他者と交わり、外部を変えながら、自己の世界を刻々と組み替えていく営みに他ならない。**

したがって、人間の場合は、動物とは異なって「ただ生きる」のではなく、「よく生きる」ことが重要になる。人間は生涯にわたって自己の世界を組み替えていく。「よく生きる」とは、外部に対する働きかけが活発で、自己の世界がつねに新しく組み替えられている状態を指している。逆に、「ただ生きている」と言われるのは、外部と内部の接面が固定的で、外部への働きかけが鈍く、自己の世界の組み替えが起こりにくい閉鎖状態を指している。

したがって、「生きる力」とは、簡単にいえば、「よく生きること」のできる力である。「よく生きる力」とは、社会的に成功するとか、財産を成すとか、企業のサバイバル・ゲームに勝ち抜くということとは全く関係がない。それらとは、別次元のことなのである。**すなわち、「よく生きる力」とは、外部に働きかけながら、その取り組みに没頭して、古い「自己」を限りなく分散、解体させつつ新しい「自己」を生み出していく力である。外部への働きかけ、古い自己の解体と新しい自己の再生という、一連のプロセスがその内奥から自己生成的に行われる状態が、「よく生きる力」なのである。**だから、それを一言でいえば、自分を変えていく力、「自己生成の力」と言うことができる。いま、私たちが子どもに託すべきは、この「自己生成の力」という「よく生きる力」の育成なのである。

今や教育界における一大流行語と化した「生きる力」をめぐる議論で、私がずっと不満に感じてきたことの一つは、この「生きる力」という言葉を、単なるスローガンとしてではなく、人間の「生」を全体において把握し、その「生」の全体の理論から問い直して「生きる力」を根源的にとらえ直す研究が、ほとんど見られない点である。

現下の教育界においては、「生きる力」はいかようにも解釈できる曖昧模糊としたスローガンでしかない。この曖昧な言葉にしっかりとした生命を吹き込み、子どもの生活と学びの意味をきちんと説明することが、私たちの課題である。

四　リアリティのある経験から生まれる思考力

「ただ生きる」ということは、その人の自己生成力が脆弱で、いつも同じ世界を堂々巡りしている場合をさしている。ここでは、人間の内部は外部に対して閉ざされている。これに対して、外部の身近な問題に働きかけ、その取り組みの過程で、新しい「自己」が生き生きと生み出されてくる状態を「よく生きる力」と考えるならば、子どもがそうした力を生み出すには、やはり外部の問題に取り組むことが必要になる。

ここで、筆者が勤務する横浜国立大学教育人間科学部附属横浜小学校の実践事例を取り上げてみたい。平成一二年度の附属横浜小学校では、「子どもが創り出す総合単元学習」を合い言葉に、子どもたちはリアリティのある学びに取り組んできた。

例えば、三年生のある学級の子どもたちは、学校の位置する根岸線・山手駅近くの大和町商店街のお店をすべて調べ上げ、商店街マップを作って、地域の人々に配って活用してもらうことを発案する。そこで、子どもたちは、商店街を一軒一軒調べて歩いた。八百屋さん、飲食店、お茶屋さん、不動産屋さん、ケーキ屋さんなど、商店の人にインタビューし、いつ頃から店を出しているのか、どんな点を工夫してお店を経営しているのかを尋ねて回った。

そのうち、子どもたちは、商店街の中にあるお風呂屋さんの存在に目をつける。最初は、お風呂屋の経営者の好意で、無料で湯に入らせてもらって喜んでいた子どもたちが、なぜ夕刻なのに人があまり集まらないのか、入浴者はなぜ高齢者が多いのかを疑問に思うようになる。この銭湯を経営している中年の夫婦は、このままでは客足が減り、経営が立ちゆかなくなる恐れがあることを、子どもたちに率直に語る。

なぜ風呂屋に客が入らなくなったのかを子どもたちは、授業で真剣に話し合った。現にどの子どもの家にも浴室があり、地域の銭湯に入った経験のある子どもは、数えるほどしかいないことがわかる。そこで、子どもたちは、銭湯の経営が苦しい理由の一つとして、各家屋や高層住宅に浴室が備えられるようになった点をあげる。しかし、それだけでは、自宅に浴室を持つ高齢者が、男女を問わず今でも足繁く銭湯に通うという理由を説明できない。

さらに銭湯に通う人たちにもインタビューして、いろいろ調べ上げていくと、子どもたちは、地域の銭湯は単に身体を洗って流すだけの浴室ではなかったことを発見する。地域の銭湯には、いろいろな機能が含まれていたことを教えられる。銭湯は、身体を洗いながら、夕刻のひとときを、昔からの友人、知人とお喋りし、疲れを癒し、情報を交換する場所でもあったことを知る。銭湯は、地域の人々が集い、まさに裸の付き合いを通して、コミュニケーションの輪を広げていく場でもあったのだ。

ある時期から各家庭に浴室が備え付けられることによって、風呂場はコミュニケーションや癒しや情報交換の場から、一人で身体を洗うだけの孤独な場所に変わったのだ。コミュニケーションから切り離された浴室空間の出現。銭湯の経営不振の問題は、都市生活者の家屋の機能的分化と、それに伴って人間関係が次第に切断されていく仕組みの問題にまで発展していった。

それでは、どうすれば大和町の風呂屋さんを潰さずにすむのか。子どもたちは必死に考える。風呂上がりの場所に快適なスペースを作って、そこでお茶やジュースを飲んで談笑できる場を作ったらよい。そうすれば、若い人も自然に集まるのではないか。ヘルスメーターなどの血圧や体脂肪などを計る簡単な器械を置いたらよい。ストレッチ体操ができる器具を入れる。子どもたちのアイディアは膨らんでいく。子どもたちは、授業の中で、その経営の建て直しのための数々のアイディアを出し合ってきた。

子どもたちにとって、銭湯の経営難は、単に一商店の問題ではない。それは、地域における人間関係の希薄化を意味し、さらには地域社会のまとまりの崩壊を意味するのである。**子どもたちの思考は、ただ便利でさえあればよいという現代の消費社会のフィルターを遥かに超え出ているのである。**

五　「よく生きる力」としての思考力――おわりに

現代の情報・消費社会は、様々なメディアを通して、大人や子どもを、単なるお客様として、快適な消費空間の枠の中に取り込もうとする。消費人として行動するだけならば、何が面白いか、何が便利かという問いだけしか残らない。しかし、それは、人間が「よく生きる」という原則に照らしてみると、実に偏った、実に卑小な問いでしかないことがわかる。

横浜国立大学附属横浜小学校の子どもたちの総合単元学習は、地域の人々と交流して、共に生きたいという願いから始まっている。地域をよくしたいという願望から始まっている。こうした願いから、外部の世界を見つめると、そこに生じている問題や矛盾を肌で感じ取ることができる。その問題解決に向けた活動に取り組むことで、子どもたち自身の世界も、大きな変容を遂げてくる。消費社会のお客様である限り、人は何が面白いか、何が便利かというアンテナだけが肥大化して、外部を自分たちの力で変えようとする力は育たない。したがって、また身近な他者と共に生きようとする人間的な感性を育むことができない。

教師や親たちは、子どもの中に「ただ漫然と生きる」のではなく、「よく生きる力」をこそしっかりと養うべきである。そのためには、子どもがリアリティのある経験をし、その経験をバネにして、問題解決に真剣に取り組むことが必要なのである。

第III部　文化変容と教師像の再構築

第一一章 〈教師―生徒〉関係の組みかえ

一 はじめに

教師を存在論的に問うことは、教師の役割や機能を明らかにすることではないし、優れた教師像を提示することでもない。それは、教師という存在を、自明のものとして語る場合にできることである。ハイデガーの言を待つまでもなく、存在論的に問うとは、こうした一切の諸前提をまるごと問いの対象とすることに他ならない(1)。

それでは、教師を存在論的に問うとはどういうことなのか。それは、「教師である」とはどういう意味なのか、その前提を根源的に問うことではないかと考える。ポーランドの演出家グロトフスキー(J. Grotowski)は、演劇とは何かを問われて、「それがなければ演劇が成立しないもの」、それを挙げればいいと答えている(2)。演劇には、脚本や演出家が存在し、舞台があり、照明があり、演ずる俳優がいる。しかし、これらの集合体が演劇だと言うことはできない。むしろ、そこに一人以上の観客がいて、演ずる俳優がいること。観客と俳優との「間に起こるもの」それが演劇に他ならない。

この論法でいくならば、教師とは何かは、「それがなければ教師とは呼べないもの」を考えてみることだ。それは、学校でも知識でもないことに気づくだろう。それは何よりもまず生徒との「関係性」の介在ではないか。極言すれば、学校にいない教師、知識のない教師を想定することはできても、生徒と無関係な教師を、教師と呼ぶことはできない。

そこで、本章では、この「関係性」の様態を検討することで、「教師であること」の意味を解読し、今日においてなお可能な教師のアイデンティティの行方を探っていきたい。

二　近代化された教師――職人モデルから技術者モデルへ

教育者

「教育者(Erzieher)は、子どもの手本(Vorbild)である。それは、後世代の者にとって、教育者は模倣するに値する振舞いと信念を表出していたことを意味している。……教育者は、若い世代にとっての典型(Muster)を意味していた」(3)。

これは、リッテルマイヤー(Ch. Rittelmeyer)による前近代社会における「教育者」の説明である。ここでは、〈親方 Meister ― 徒弟 Lehrling〉関係を基本とした教育者像が語られている。弟子は、親方の仕事ばかりでなく、その日常の言動のすべてを見習い、模倣する（ミメーシス行為）ことで一人前の職人に成長すると考えられていた。**ここでは、弟子の側の模倣的な学びがすべてである。親方は、ひたすら仕事に専念することで、副次的、結果的に「教育者」となる。よき「教育者」であるか否かを決めるのは、親方の意識ではなく、弟子の側の〈まなざし〉である。**「教育者としてのレンブラント」「教育者としてのゲーテ」という言い方もあるように、「教育者」とは、後の世代が一方的にその言動を見習い、模倣する人物を指していた。

ここでは、教える主体と教えられる客体は、まだ明確に分化した状態にはない。両者は、同じ仕事を追求する先輩と後輩の関係にあり、ギルド社会という一種の学習共同体の中に生きている。前近代社会においては、教える技術が未熟だったと考えるべきではなく、被教育者を突き放して対象化する〈まなざし〉が不要であったと言うべきであろう。

近代学校の教師

これに対して、近代の「教師」（Lehrer）は、生徒の存在ばかりでなく、教える内容と方法を明確に自覚した意図的行為者である。

グロートフ（H. H. Groothoff）によれば、ドイツ語における "Erzieher"（教育者）と "Lehrer"（教師）の違いは、前者が、後世代を責任ある人間関係的、社会的行為にまで導き入れる課題を有し、その意味では、「社会化や人格化のカテゴリー」に属するのに対して、後者は、知識、技能の伝達を課題とするという意味で、「陶冶、情報のカテゴリー」に属するという[4]。たしかに近代学校の「教師」には、子どもを社会化する仕事よりも、まず知識や情報を伝達し、啓蒙する課題が与えられた。

よく知られているように、コメニウスは、その教授学(Didaktika)を、当時普及しつつあった「印刷術」(Typographia)になぞらえて、「教授印刷術」(Didakographia)と名づけた。ここでは、教師が印刷工に、生徒が印刷用紙に、教科書が活字に、学校の規律が圧印機に喩えられている[5]。この巧みな比喩は、近代において教師に期待された役割を実に見事に言い当てている。近代において「教師であること」の前提には、**①教えなければならない活字文化(literacy)の台頭があり、②明確な教育的意図と方法意識の自覚があり、③学校・教室という非日常的で効率的空間の工夫がある。**こうして教師は、意識するしないにかかわらず「教える技術者」となる。

子どもの衝動的で反秩序(カオス)的な自己活動(Selbsttätigkeit)は、つねに教師の抱く教育的プログラムの中に予定調和的に組み込まれていくものとなった。こうして「子どもの自発性を尊重しつつ、なお大人が意図する方向へ子どもを導こうとする誘惑術まがいの教育の技術」[6]が工夫され、開発されることになる。それは、共同体の崩壊と共に、右に述べた後継者見習いの関係が成り立ちにくくなった事情を反映している。見習いの機能が生きていた時代には、親方は教育技術に巧みでなくとも、後継者を養成することができた。ギルド社会に内在する社会化機能が、それを可能にしてくれたのである。ところが、近代の教師は、共同体による社会化機能が解体した中で、生徒を教育しなければならない。失われた関係性を、新しく開発された教育技術や教師の指導力で補強するストラテジーがとられた。

考えてみれば、近代の教授学は、共同体の社会化機能が不全に陥った中で、なお一部の専門家(教師)がそれを引き受けねばならないという、ある意味では矛盾の産物でもある。それが、自然を統御する近代技術をモデルとして構築されたのは、極めて当然の帰結であった。こうして、学校が制度化され、学校の権威のもとに、教師が教育の専門家としての地位を確立するに従って、「子どもという自然」がすっかり操作対象になり、「教育的意図」という名の操作空間に囲い込まれていくという事態が顕在化する。それは、医療行為が医師の手に、看護行為が看護婦の手に委ねられ、患者の意思が無視されてくるのと同様の、あらゆる職業分野の専門化過程(Professionalisierung)で不可避的に生じた現象でもあった(7)。

三　教育関係論――関係性の修復へ

近代教育に内在するこうしたパラドックス性に気づき、その問題を克服しようとした最も早い時期の一つとして、ノール(H. Nohl)の教育関係(pädagogischer Bezug)論をあげることができる。これは、「教える技術者」としての教師に疑問をなげかけ、不十分ながらも教師と生徒の関係性を修復しようとした試みであった。ノールは次のように言う。

「教育の基礎は、成熟した人間(reife Menschen)の生成しつつある人間(werdende Menschen)に対する情熱的な関係にある。しかもそれは、生成しつつある者のための、彼が自己の生とその形式に至るための関係である」(8)。

ここでは、「成熟した人間」と「生成しつつある人間」との間の関係が問題にされる。この教育関係論の特徴は、次の三点にまとめることができる。

第一に、教育関係は相互的(gegenseitig)であること。それは教師の生徒に対する「形成意志」と生徒の「成長への意志」とが出会うところに生ずる関係である。

第二に、それは生徒のありのままの「現実」と「より高次元の姿」への二重の愛に基づく関係である。つまり、自発的に「自己形成」(sich bilden)しつつある生徒を承認し、同時に「成熟」に向けて働きかけようとする(erziehen)二重の関係である。

第三に、教育関係は、最終的にはその関係それ自体の解消をめざした関係である。「教育は、人間が成熟(mündig)に達したところで終わる」(9)。

とくに、この第三の点に、ノールの関係論の特徴がよく現れている。すなわち教育関係は、生徒が「成熟」に達した段階で終息することが予定されている。生徒が「倫理的な課題を自分で解決できるようになれば」、教育の課題は達成されたことになる。これ以降は、「自己教育」の問題、すなわち「倫理学」の問題に取って代わられると言う。しかし、実はここに大きな問題点が潜んでいる。

第一に、ノールにおいては、教師はすでに「成熟」を達成しており、倫理学の対象にはなっても、教育学の対象にはなり得ないと考えられている点である。教師の「成熟」は不動で、生徒たちからの働きかけによって、それが崩されたり、揺らいだりすることはないかのようである。また、生徒との関係性において、教師自身が変化する可能性が全く問われていない点も、大きな問題である。

第二に、教育関係は、相互的な関係であると言われながらも、生徒は「未だ～でない」(noch ~ nicht)未熟な存在として扱われ、教師の「一方的な志向性」(einseitige Intentionalität)の〈まなざし〉に晒されていることは否定できない。

このように、一九三〇年代にノールが関係論的視点を導入しようとした意義は認められるが、しかし教師の側の「形成意志」を前提にした関係論であり、生徒が、制度化された教師の「形成意志」を突き崩したり、教師のパースペクティブを逆に揺るがす可能性が排除されている点に、疑問が残るのである。言いかえると、これは「成熟の落差」を前提にした〈教師―生徒〉の関係論であることは明らかであり、教師の視界を越えた生徒の「他者性」(das Andere)が自覚されたとはやはり言い難い。教師は、未だモノローグの世界を越え出ていないと考えられる。

四　教育的相互作用理論

対話的関係性――モノローグからディアローグへ

クローン(F. W. Kron)によれば、ノールの提起した教育関係論の教師中心性、もしくは「一方的な志向性」は、その後、ブーバー(M. Buber)やボルノー(O. F. Bollnow)等による「対話の理論」によって、決定的に突き崩されるに至る[10]。周知のように、ボルノーは、教育の「連続的形式」に対して、危機的状況における出会い、覚醒などの「非連続的形式」の領野を見い出し、教師の側からの一方的な教育行為に歯止めをかける役割を果たした。つまり教師の教育的意図が、場合によっては挫折する可能性を示した。実存的次元においては、生徒は教師と対等であり、教師の意のままに操作できる存在ではないことを自覚させた。クローンは次のように言う。

「一方的な教育的志向性が打ち砕かれるということは、教育者がその教育的意図(pädagogische Absicht)と共に挫折しうることを示している。(中略)こうして、教育者と被教育者(Die Educanden)は、その現存在(Dasein)の次元においては、言葉の根源的意味において、ラディカルに同一の地平に置かれることになる」[11]。

対話とは、対等な地位に立つ「他者」との関係において成立するものであり、生徒も実存的次元においては、教師の視界を越えた「他者」となりうる可能性が、対話の理論において示されたと言える。ここで重要なのは、こうした実存的次元における教育関係論の「急進化」(Radikalisierung)を、クローンは、"Erzieherisches Verhältnis"(教育的関係)と名づけ、ノールの"Pädagogischer Bezug"と明確に区別している点である。ノールとの対比で言えば、"Erzieherisches Verhältnis"は、実存的次元においては、生徒を教師の視界からはみ出た「他者」として扱い、教師中心性や「一方的な志向性」に歯止めがかけられている。したがって、教師と生徒の関係は、もはや教師のモノローグに生徒が吸収されることなく、互いに相手の「他者性」を自覚したディアローグの関係が成り立つことを示唆している。

しかし、"Erzieherisches Verhältnis"は、〈教師―生徒〉関係を、日常的に対等な関係であると理解しているわけではない。教師と生徒の対等性は、あくまでも非日常的で実存的な次元の問題に限られている。

教育的相互作用論――ディスクルスの当事者としての生徒

教師から見た生徒の「他者」性を、日常的次元にまでさらに引き下ろして承認したのが、一九七〇年代から活発化した教育的相互作用(Pädagogische Interaktion)の研究である。ミード(G. H. Mead)に由来する象徴的相互作用理論(12)、ハーバーマス(J. Habermas)のコミュニケーション的行為の理論(13)等を背景に、子どもは、象徴的な社会的行為を通して日常的に社会化されており、教育もこうしたコミュニケーションの過程としてとらえ直される。モレンハウアー(K. Mollenhauer)、ヴェーレンドルフ(F. Wellendorf)、ウーリッヒ(D. Ulich)、ヨッピェン(H. J. Joppien)等の研究に示されるように、ここでは、教師と生徒の「相互的な志向性」(gegenseitige Intentionalität)が大前提である。

モレンハウアーは、ハーバーマスの「目的合理的行為」と「コミュニケーション的行為」の峻別を教育行為にも当てはめ、従来の教育は、教師と生徒の間に「成熟の落差」を前提として、教師の意図の貫徹を目的とした一方的な行為(目的合理的行為)でしかなかったが、両者の関係を社会的文脈の中における「コミュニケーション的行為」(kommunikatives Handeln)としてとらえ直すならば、教育行為を、生徒の主張を大幅に取り入れた「相互作用のプロセス」として理解することができるとする。こうした視点は、「操作的な教育理解から、コミュニケーション的な教育理解への方向転換の機会を根拠づけることを助け、私たちの教育概念を拡大する可能性がある」[14]と言われる。彼は、教育行為を「その目標が、ディスクルス(Diskurs)への能力の獲得を可能にするコミュニケーション構造を確立することに存する、コミュニケーション的行為」[15]としてとらえている。

またウーリッヒは、社会心理学的に見れば、教育的相互作用とは、「日常的に、学級において生起していること」そのものであり、「教育状況において行われる言語的、非言語的な、対称的、非対称的なしかたで相互に知覚したり、評価したり、話し合ったりして、影響を与えているプロセスの全体」[16]である、と説明している。

モレンハウアーにせよ、ウーリッヒにせよ、ノールに見られたような「成熟の落差」はもはや問題ではなく、シンボリックな相互作用を通して、共に自我を形成しつつあるプロセスそのものが重要になる。したがって、生徒は、「共同決定の相手」つまりディスクルスの当事者としての地位を獲得する。すなわち、相互作用理論によれば、教師と生徒、親と子どもは、タテの関係ではなく、互いに相手の役割解釈と意味付与の差異を承認しつつも、話し合いを通して、相互に納得のいくヨコの関係を作り出すことを目的としている。ここでは、生徒もしくは子どもが、対等に共同決定できる能力を獲得することが目指されている。ハーバーマスの名づけた「実践的なディスクルス」(praktischer Diskurs)こそが、こうした対等な関係性の実現に資するものであると考えられている。

しかし、そうなると、「教師であること」のアイデンティティは一体どうなるのだろうか。教師は、いわば相互啓蒙の関係において、生徒のディスクルス能力の増大にかかわるパートナー役や議論を調整するコーディネーター役を引き受けるだけでよいのだろうか。それは、結局は、教育の放棄もしくは否定に繋がるのではないか、という危惧も当然予想されるであろう。生徒を言語コードの異なる「他者」として承認した上で、なお可能な教育的相互作用とはどのようなものになるのか。そこでは、教師には何が期待されるのか。最後に、この問題について言及しておきたい。

五　コミュニケーション関係の中の教師——結語にかえて

本章の冒頭でも述べたように、教師は、生徒との関係性において教師となる。後継者見習いがまだ生きていた時代の〈親方—徒弟〉関係が、そのことをよく示している。

ところが、近代においては、生徒に対する「教育的意図」（一方的な志向性）を有する関係こそが、教師を教師たらしめるものと見なされてきた。その意図は、子どもの蒙昧状態を理性化するという「大きな物語」（grand récit）を背景としており(17)、それ故に、揺るぎない権威に支えられてきた。しかし、すでに見てきたように、ノールの「教育関係論」に端を発し、その後の実存的な「対話の理論」、さらには一九七〇年代からの「教育的相互作用論」に至る教育関係論の展開をたどるならば、問われているのは、そうした「教育的意図」の独善性そのものであったことが分かるはずである。それは、歴史的に見れば、教師の教育行為を背後で支えてきた「大きな物語」それ自体の崩壊に由来するものである。

人間としての「自立」や「成熟」の理想状態をア・プリオリに設定して、それに向けて教育を考えるのではなく、子どもの自然な他者との関わり合いや日常の模倣行為、「遊び」や「学び」の営みから人間形成を考え直すことが、現在求められているのではないか。近代の教師は「教える技術者」として専門性を獲得してきたが、そのことが却って、子どもの生活世界で織り成される多様な関係性の世界へのまなざしを遮断する結果を招いてきたのではないか。

それでは、「相互的な志向性」のもとにある教師とはどのようなものか。それは、少なくとも「教育的意図」を放棄するものではないことだけは確かである。意図なくして人間の行為は成り立たないからである。そうではなくて、その意図の独走に歯止めをかけること。生徒との関わり合いの過程で、教師の教育行為の意味が相対化されること。意味のズレを相互に確認し合うこと。教師も、生徒との関わりで成長する事実を認めること。生徒が学ぶのは、基本的に学校外の多様な自然、事物、他者との関わりや情報からであり、それらを学習者の側から秩序づけ、コーディネートする場として、学校をとらえ直すこと。それは、相互啓蒙の視点に立って、学校という空間を組みかえていくことを意味する。

これは、弟子の模倣学習を基本とした〈親方―徒弟〉関係の復活ではないし、ましてや教師の意図で貫かれた〈教師―生徒〉関係でもない。生徒という「他者」との相互行為を基本にした新しい〈教師―生徒〉関係の構築が、現在求められているのである。

【註】

（1）M. Heidegger: *Sein und Zeit.* (1927) Tübingen, 1972, S.14.

（2）J・グロトフスキー著、大島勉訳『実験演劇論――持たざる演劇をめざして』（テアトロ社、一九八二年、三五頁）。

（3）Ch. Rittelmeyer: Der Erzieher. in D. Lenzen (Hrsg.): *Erziehungswissenschaft.* Hamburg, 1994, S. 207.

（4）H. H. Groothoff: Erzieher. in D. Lenzen (Hrsg.): *Pädagogische Grundbegriffe,* Bd. I, Stuttgart, 1994, S.424.

（5） コメニウス著、鈴木秀勇訳、『大教授学Ⅱ』（*Didaktika magna*, 1632, 明治図書、一九七六年、一三七頁）。

（6） 宮澤康人「学校を糾弾する前に」（佐伯胖他編『学校の再生をめざして』、東京大学出版会、一九九二年、一六九頁）。

（7） I・イリイチ著、桜井直文監訳「ホモ・エードゥカンドゥスの歴史」（『生きる思想』、藤原書店、一九九一年、九五頁）。

（8） H. Nohl: *Die Pädagogische Bewegung in Deutschland und ihre Theorie.* (1935) Frankfurt a. M., 1970, S.134.

（9） H. Nohl: Vom Wesen der Erziehung.in: *Pädagogik aus dreissig Jahren.* Frankfurt a. M., 1949, S.132.

（10） F. W. Kron: Vom pädagogischen Bezug zur pädagogischen Interaktion. in "*Pädagogische Rundschau*", 40. Jg., Nr. 5., 1986, S.550.

（11） F. W. Kron: Vom pädagogischen Bezug zur pädagogischen Interaktion. in "*Pädagogische Rundschau*", 40. Jg., Nr. 5., 1986, S.550-551.

（12） G・H・ミード著、河村望訳『精神・自我・社会』（人間の科学社、一九九五年）。

（13） J・ハーバーマス著、平井俊彦他訳『コミュニケイション的行為の理論』（上中下、未来社、一九八六年）。

（14） K. Mollenhauer: *Theorien zum Erziehungsprozess. Zur Einführung in Erziehungswissenschaftliche Fragestellungen.* (1972) München, 1982, S.84.

（15） K. Mollenhauer: *Theorien zum Erziehungsprozess. Zur Einführung in Erziehungswissenschaftliche Fragestellungen.* (1972) München, 1982, S.67.

(16) D. Ulich: Die Dimension der Macht in der Lehrer-Schüler Interaktion. in: *Pädagogische Welt*, 28. Jg., Nr. 2., 1974, S. 130.

(17) J・F・リオタール著、小林康雄訳『ポスト・モダンの条件――知・社会・言語ゲーム』(白馬書房、一九八九年、一〇二頁)。

【参考文献】

・H. Nohl: Vom Wesen der Erziehung.in: *Pädagogik aus dreissig Jahren*. Frankfurt a. M., 1949.

・F. W. Kron (Hrsg.): *Theorie des erzieherischen Verhältnis*. Bad Heilbrunn, 1971.

・D. Ulich: *Pädagogische Interaktion. Theorien erzieherischen Handelns und sozialen Lernens*. Weinheim, Basel, 1976.

・H. J. Joppien: *Pädagogische Interaktion. Studien zu Konzeption des erzieherischen Verhältnisses*, Bad Heilbrunn, 1981.

・M. Jourdan: *Pädagogische Kommunikation*. Bad Heilbrunn, 1989.

・K. Schaller: *Pädagogik der Kommunikation*. Sankt Augustin, 1987.

・K・シャラー著、田代尚弘訳「『批判的・意志疎通的』教育学」(H・レールス／H・ショイアール編、天野正治監訳『現代ドイツ教育学の潮流』、玉川大学出版部、一九九二年)。

・船津衛著『シンボリック相互作用論』(恒星社厚生閣、一九七六年)。

・宮野安治「教育的相互作用理論の構想――教育関係論の研究(10)」(『教育学論集』第二一号、大阪教育大学教育学教室編、一九九二年)。

・拙稿「〈大人―子ども〉関係をとらえ直す」(日本教育方法学会編『戦後教育方法を問い直す――教育方法24』明治図書、一九九五年)。本書、第四章に収録。

第一二章　教師のもつ「権力」を考える

一　はじめに

一九九七年五月に神戸市で猟奇的な小学生殺傷事件が起き、日本中の親たちを震撼させたことは、まだ記憶に新しい。その容疑者として、当時一四歳の中学生が逮捕されたが、筆者が興味をもったのは、この事件に対する反応が、大人と子どもの間で大きく異なっていたことである。

大人たちは、「残酷な犯罪の容疑者が中学校の生徒であったことが信じられない」とか、「子どもがあそこまで残忍な行為に走れるのだろうか」など、子どもが恐ろしくなったといった感想をもらすことが多かった。ところが、容疑者と同世代の中学生からは、容疑者の「気持ちが理解できる」、「ボクらの世代なら、こうした犯罪はありうる」という声が少なからず聞かれたのである。

この事件は、期せずして、大人と子どもの意識の大きなズレを浮かび上がらせることになった。教師を含めた大人たちが、子どもを〈生徒〉という枠組みの中にスッポリと収まるものと理解してきた現実が露わにされた。あのオウム真理教信者による事件がそうであったように、大人であれば、死体の抹殺やカルト的な犯罪を起こしうる。しかし、少なくとも子どもの場合には、快楽殺人や死体の切断、血の儀式などとは無縁なはずだという通念が、広く一般化している。

しかしながら、今日常識化されているこうした子どもの見方には、はたして根拠があるのだろうか。アリエス(Ph. Ariés)やファン・デン・ベルク(J. H. Van Den Berg)の著作によれば、一七世紀初頭の学院において、すでに子どもの無軌道な暴力行為に教師たちは手を焼いていた事実が数多く報告されている(1)。子どもは、大人とさほど異なった振舞いをしていたわけではない。ところが、社会の近代化とともに、子どもたちは大人の住む猥雑な空間から次第に隔離され、学校の中に囲い込まれて、教師の前に並び立つ未熟な〈生徒〉、すなわち〈教育されるヒト〉(homo educandus)として扱われるようになった(2)。その結果、子どもは大人たちと交じって暮らすものという観念が消え去り、いつしか〈教育〉や〈学校〉というフィルターを通してしか子どもを理解できない心的習慣、つまりブルデュー(P. Bourdieu)の言うハビトゥス(habitus)が定着してきている(3)。

教師の権力(political power)の問題は、子どもの置かれたこうした社会的コンテクストを抜きにして、考えることはできない。教師のもつ権力性は、子どもを未熟な〈生徒〉と見なす近代社会のハビトゥスや近代化を推進してきた学校の権威などによって、構造的に生み出されてきたものだからである。

しかし、高度経済成長の終焉するほぼ一九七〇年代半ば頃から、こうした学校の権威に対する疑念が生まれてきた。それは学校の外部からではなく、その内部から噴出してきた。それは、一九七〇年代における校内暴力、八〇年代における「いじめ」、そして九〇年代における不登校、高校の中途退学者の増大などの現象に象徴される。こうした一連の「学校からの逃避」を示す現象は、子どもがもはや未熟な〈生徒〉という枠組みだけでは、とうていとらえきれなくなった事態を暗示している。

ところが、こうした事態に直面した学校側は、子どもたちを従来の学校の枠の中に押し戻そうとして、あらゆる手段を講じてきたと言ってよい。校則を細分化したり、部活動の全員参加を義務づけたり、生徒への監視の目を地域にまで広げたりする中で、教師の権力的な姿勢がますます強化されるという悪循環が続いてきている。

少なくとも一九六〇年代末までの学校においては、国家権力の教育への介入は問題にされることはあっても(4)、個々の教師のもつ権力性については、さほど問題にされることはなかった。学校におけるパワー・ポリティクスの内実は、国家権力と教師集団の拮抗関係にあり、教師はむしろ権力の被害者であるかのように自認してきたふしもある(5)。

しかし、神戸市内の高校で起きた校門圧死事件に象徴されるように、一九八〇年代以降に起きた様々な「学校の荒廃」現象では、生徒たちの「学校からの逃避」をくい止めようとして、教師の指導が権力として作動した事例が決して少なくない。教師たちは、いまや生徒たちの意識を、学校の内部にくい止めるために、その指導の中に権力性を織り込まなければならなくなったように見える(6)。ベルリンの壁は、資本主義の堕落した文化の侵入を防ぐという名目で作られたが、実際は、旧東ベルリンからの逃亡者を防ぐためであったのとほぼ同じような状況が、いまの学校に出現している。教師たちは、生徒が学校から逃避しないように、見えない壁を作らざるをえないのではないか。ここに、今日の教師たちのおかれた、これまでになく厳しい教育状況がある。

なぜ今日の教師たちは、生徒に対して、権力的に振舞わざるをえないのか。否、むしろ生徒たちの〈まなざし〉に、教師の指導の背後にある権力性が透けて見えてしまう状況が生まれたのは、一体なぜなのか。こうした状況を生み出した社会的、文化的な背景を探りながら、これからの教師と生徒の関係について考えていくことにしたい。

二　同行関係としての〈親方〉と〈徒弟〉

教師の権力を考える前に、学校が成立する以前の社会の子育てについて、少し振り返っておきたい。それは、人間形成という営みを学校教育の中だけで考えるならば、これまでいく度か批判を受けながらも、なぜ教師たちが管理的姿勢や権力に依存せざるを得ないのか、その理由が少しも見えてはこないからである。それは、教師の個人的な資質によるというよりも、さらに根の深い問題だからである。すなわち、子どもの教育が、教師という一部の専門家集団の手に委ねられ、大人たちが、子ども世代の教育から免れて、それぞれの仕事に専念できるようになったこと。こうした社会の分業体制と効率化された教育システムの成立そのものに、権力問題の根源があると考えられるからである。

教育史を振り返るならば、近代以前の子どもは、家庭、学校、職場、病院等を含めて、それらが未分化のまま複合的に機能する生活共同体の中で育てられたことが、分かるであろう。たとえば、農民や手工業者の家族では、今日の核家族とは全く逆に、生産活動はもちろんのこと、次世代の職業訓練、出産、病人の看護、死者をとむらう儀式にいたるまで、すべてのことが同一の生活空間の中でとり行われていた。ファン・デン・ベルクの言葉を使えば、子どもたちは、大人の仕事や「大人であることのしるし」を目の当たりにして、生活していた(7)。人間の誕生からその死に至るまでの一生が、子どもの目の届く範囲で営まれていたのである。

子どもは生活共同体で織り成されるタテ、ヨコ、ナナメの関係性の網目のなかで、遊びや仕事など多くのことを学び、身に付けてきた。そこでは、日常生活そのものの中に、子どもが大人になり、一人前になっていくシステムが組み込まれていた。つまり、共同体による子育ての装置がはたらいていたのである。

しかし、その場合でも、大人になる手本となる人がいた。ドイツの教育学者、リッテルマイヤー(Ch. Rittelmeyer)によれば、前近代社会における「教育者」(Erzieher)とは、子どもに積極的に教える人ではなく、逆に子どもが模倣するに値する行動や信念を表出する人物であった(8)。こうした関係は、〈親方―徒弟〉

関係のなかに典型的に見いだされる。

徒弟奉公に入った弟子は、親方の仕事ばかりでなく、その日常の言動のすべてを見習い、模倣することで一人前の職人に成長すると考えられていた。親方は仕事に忙しく、教えることには不熱心であったから、ここでは弟子の側の模倣的な学び（すなわちミメーシス）がすべてであった。よき教育者であるか否かを決めるのは、親方の意識ではなく、弟子の側の〈まなざし〉であった。ここでは〈教えるヒト〉と〈教えられるヒト〉は、まだ明確に分けられてはいない。両者は、同じ仕事にたずさわる先輩と後輩の関係にあり、ギルド社会という一種の学習共同体を構成していた。

宮澤康人氏も指摘するように、産業革命期以前の子どもは、学校においてではなく、それぞれの仕事が行われる現場において、親や親代わりの大人の後継者として、その仕事を見習いながら、一人前の大人になっていった(9)。そこには、同じ仕事を共有する先輩と後輩の関係が成り立っていた。それが、親方の「権威」（authority）を支える具体的な根拠であった。

いま、私は親方の「権威」という言葉を使ったが、これは、どう考えても「権力」と言うことはできない。時計職人であれ、靴職人であれ、親方の仕事ぶりを目の当たりにして、弟子入りした若者が感じたことは、親方の仕事の完成度の高さであり、大人としての振舞いの成熟度であったろう。そこに「一人前の大人」の生きたモデルを見い出したであろうことは、容易に想像できる。親方の仕事ぶりは、新米の弟子から見れば、崇拝と畏敬の対象であったはずである。そこに、教育者としての「権威」を感じたとしても、何ら不思議なことではない。

「権威」とは、栗原彬氏によれば、「発信者の発するメッセージが、その内容を問われることなく、自発的に受信者に受け入れられる状態」[10]をさしている。親方の発するメッセージを、弟子たちは「自発的に受け入れ」、それを模倣していく。親方と徒弟の間に生じた関係は、権力関係[11]とは異なる職業的権威に基づく関係であったと言えるであろう。ところが、不幸なことに、近代学校の教師は、職業的権威に基づく関係をもはや当てにできない場所におかれてしまっている。つまり、学校の教師は、学びの強い動機づけになるはずの職業現場からは遠のいてしまっている。職業上の先輩と後輩という関係を、子どもに期待することもできない。教師の行動を手本にできる生徒は、将来教師になろうとしている生徒だけである。

したがって、教師たちは、仕事の手本を示すという条件の欠けた真空のような場所で、抽象化された知識や規範を子どもに提示するほかはない。しかも、近代化の過程で農村共同体が崩壊し、共同体による子育ての装置がすっかり機能しなくなったところに、学校が建てられ、子どもの教育を一手に引き受けさせられる状況が生まれたのである。こうした悪条件のもとで、教師の指導がうまくいくには、生徒との間にある幻想が共有されていることが必要である。それが社会進歩であり、近代化であった。

三　技術依存と子どもの〈生徒〉化

近代学校の教師は、前近代社会の親方とは異なって、教える内容と方法を明確に意識した意図的行為者である。それが、学校教師の行為を特徴づける。

周知のように、近代教授学の基礎を築いたコメニウスは、その教授学（Didaktika）を、当時普及しつつあった「印刷術」（Typographia）になぞらえて、「教授印刷術」（Didakographia）と名づけた。ここでは、教師が印刷工に、生徒が印刷用紙に、教科書が活字に、学校の規律が圧印機にたとえられている(12)。この巧みな比喩は、近代において教師に期待された役割を、実に見事に言い当てている。

すなわち、教師であることの前提には、①教えなければならない活字文化（literacy）の台頭があり、②明確な教育的意図と方法意識の自覚があり、③学校・教室という非日常的で効率的な空間の配置がある。こうして、近代における教師は、意識するしないにかかわらず、〈教える技術者〉となる。

それには、産業革命の進行とともに、すでに述べた後継者見習いの関係が成り立たなくなった事情も反映している。見習いの機能が生きていた時代には、親方は教える技術に無関心であっても、後継者を養成することができた。ギルド社会の内部における弟子の模倣的な学びが、親方の教育不熱心さをカバーしていたからである。ところが、近代の教師は、共同体による社会化機能が解体していくただ中で、生徒を教育しなければならない。しかも生徒は、かつての弟子とは異なって、教師の仕事を無条件に崇拝し、模倣してくれるわけではない。失われた信頼関係を、新たに開発された教育技術で補強するというストラテジーがとられてきた。

「楽しく、速やかに、確実に」(facile, cito, tuto)(13)、これが、コメニウスが提唱した教授学のモットーである。以来、近代教授学は、いかにして生徒を楽しく授業に取り組ませ、知識を速やかに、確実に伝達していくかに腐心してきた。産業革命が進行し、社会の産業人口の分布が、第一次産業から第二次産業に移行する時期までは、学校はそうした社会進歩を最前線で支える役割を担ってきた。教師のもつ知識や啓蒙的知性は、社会進歩や経済発展の動向と軌を一にしており、それが教師の権威を揺るぎないものにしていた。農村では、学校の校長は、村長、警察所長と肩を並べる権威をもって受け入れられ、村人の尊敬を集めていた。

しかしながら、一九七〇年代半ばに高度経済成長が終息を迎えるとともに、日本社会は完全に産業化し、新たな大衆社会状況に入る。高校学校の進学率は九〇％を越えて大衆化し、産業別就業人口では、第三次産業が過半数を越えるにいたる。さらに高度の情報化や消費社会化が人々の意識の個別化に拍車をかける。それは、人々の学びの意識をも大きく変えていった。学校という制度に依存しない新しい学びの形態が模索されはじめたのである。それは、脱学校の風潮やフリー・スクールの盛況、ダブル・スクールの流行や地域における学びのネットワーク作りの運動などの中に端的に表されている。

それまで学校という制度を前提に、その内部でアイデンティティを形成してきた教師たちは、一九七〇年代半ばから学校で頻発した校内暴力、「いじめ」、不登校、そして高校の中途退学者の激増に直面して、子どもたちの変貌を痛感せざるをえなかったはずである。ちょうどこの頃から、教師の体罰や権力的姿勢が目立ちはじめてきたのである。むき出しの体罰に走らないまでも、生徒を操作的に「動かすこと」、「言うことを聞かせること」に腐心する教師たちが現れてきた。たとえば、教育技術の法則化運動は、そうした状況に応えようとした運動であり(14)、あえて管理的姿勢で生徒に立ち向かうことの必要性を強調する教師たちも生まれた(15)。いずれも生徒を対象化して操作するという近代教授学の枠組みを保持したままで、生徒の「学校からの逃避」をつなぎ止めようとする試みであった。

しかし、日本社会が近代化を達成して以降、学校はその進歩性を失い、あたかも情報消費社会にとり囲まれた陸の孤島のような状態に立ちいたっている。「楽しく、速やかに、確実に」という古典的教授学の原理が無力になり、もっと直截に子どもを「動かすこと」「言うことを聞かせること」の技術開発に精力を注がなければならない切迫した状況が生み出されてきている。現在の学校システムの内部で考える限り、教師たちは、こうした権力的思考にますます依存せざるをえない状況に追い込まれているように見える。小浜逸郎氏は、その著書『十四歳——日本の子どもの謎』の中で、こう書いている。

かつて、生徒は生徒だった。ということは、生徒のなかで学校の価値や教師の権威が曲がりなりにも信じられていたということだ。ワルはいま以上にいっぱいいたが、それでも「大人」である教師には、なんとなく畏敬の念を持っていて、面と向かって諫《いさ》められると、頭をかいたりしていた。

ところが、ある頃から、学校の価値や教師の権威が、子どもたちのなかで信じられなくなってきた。その頃から、学校はきちんとした管理統制ができなくなり、さまざまな崩れ現象をみせるようになったのだ。これはいったいどうしてだろうか。学校や教師が堕落したからだろうか(16)。

そうではない、というのが小浜氏の認識である。教師たちは同じようにやってきたのだが、周囲の社会的現実が大きく変貌し、それにつれて子どもも変わってきたのだ、というのが小浜氏の主張であり、筆者もそのように考える。近代化が達成されてしまった現在、子どもたちにとって学校は、クラス仲間とのつき合い以外にその魅力を失ってしまったかのように見える。ここに、教師から見て今や〈他者〉として立ち現れた子どもの存在が、浮かび上がってくる。

四　言語ゲームの成立——〈他者〉としての子ども

近代学校において、生徒は教師の意図的な教育行為の対象であった。そこでは、教師と生徒の間の言語ゲームが想定され、言葉を解釈するコードは同一であると考えられてきた。それでなければ、「楽しく、速やかに、確実に」授業を進めることはできないであろう。それは、ディアローグ(対話)の論理ではなく、モノローグ（独白）の論理である。モノローグとは、自己の内部に閉ざされた堂々めぐりの論法では決してない。むしろ逆である。自分が今考えていることは、万人にあてはまるはずだという強制的普遍化の論理である。それは、他者にそれを押しつけていながら、それを押しつけとは感じない権力的思考の発生母体である。**モノローグという権力的思考には、はじめから〈他者〉が存在しない。**

近代化の時代の学校の教師は、啓蒙という名のモノローグの担い手であった。そこでは、子どもは〈教師―生徒〉という関係の中でしか理解されない。しかし、今日の子どもたちは、教師の視界を越えた外部に生きており、教師とは異なった言語コードを所有する存在として立ち現れてきている。彼らは、〈教師―生徒〉という制度化された役割関係をはみ出たところに生きている。

〈教える―学ぶ〉という関係は、本来こうした制度化された役割関係とは最も無縁なところに成立する関係だったのではないか。私たちは、これまでそのことに気づかずにきてしまったのではないか。以下、柄谷行人氏の所論を手がかりに、教師が制度化された思考から抜け出す方途について探ってみよう。

柄谷氏は、〈教える―学ぶ〉関係を、人間のコミュニケーションの根源形態としてとらえ直す仕事を続けてきている。彼は、ウィトゲンシュタイン（L. Wittgenstein）の言語ゲーム理論にヒントを得て[17]、「教える」行為と「語る」行為とを明確に区別している。例えば、「2＋2＝4を教える」とはいえるが、「駅へ行く道を教える」とはいえないと言う。後者は、英語でいえば、"tell"（語る）に相当する行為であって、前者が本来の"teach"（教える）である。その本質的な違いはどこにあるのだろうか。

例えば、「道を教える」の場合には、語られる内容を読み解くコードは、双方の間で予め共有されている。「この道を五〇メートルほど行って、角のポストを右に曲がって……」と話し手が言うときの「この道」、「五〇メートル」、「角のポスト」、「右に曲がる」という言葉を解読する規則を聞き手はすでに共有している。それがなければ、コミュニケーションは成り立たない。

これに対して、「2＋2＝4を教える」の場合はどうか。小学一年生の子どもにリンゴの絵を描いて教えるとき、子どもの内部にはまだ「2＋2＝4」を読み解く規則は知られていない。このように、一方の言語規則を他方が所有していない場合に、〈教える―学ぶ〉という関係が成立するのである。

柄谷氏は、言語ゲームがすでに成立している、すなわちゲームの規則がすでに共有されているコミュニケーションを**〈語る―聞く〉関係**と呼び、ゲームの規則自体がいまだ共有されていないコミュニケーションを**〈教える―学ぶ〉関係**として、両者を明確に区別する。そして〈語る―聞く〉関係が成立する以前の、〈教える―学ぶ〉関係こそが、人が真の〈他者〉と向き合うコミュニケーションの根源形態であると主張する。

しかしながら、私たちの常識はむしろ逆であろう。ふつう私たちは、人に道を聞くときのように、共通のコードを有する〈語る―聞く〉関係を正常なコミュニケーションであると考え、子どもに算数を教えたり、外国人に日本語を教えたりする行為を、相手が「正常な」コミュニケーションに至るための準備もしくは訓練段階として、低く見なしがちである。

しかし、柄谷氏も言うように、本当は逆なのではないか。子どもや外国人、あるいは精神病者との対話のように、自己とは明らかに言語規則を異にする本来の〈他者〉と向き合う〈教える—学ぶ〉関係の方が、より根源的なコミュニケーションと言うべきではないか。柄谷氏は、こう述べている。

〈教える—学ぶ〉という非対象な関係が、コミュニケーションの基礎的事態である。これはけっしてアブノーマルではない。ノーマル(規範的)なケース、すなわち同一の規則をもつような対話の方が、例外的なのである。だが、それが例外的にみえないのは、そのような対話が、自分と同一の他者との対話、すなわち自己対話(モノローグ)を規範として考えられているからである。しかし、私は、自己対話、あるいは自分と同じ規則を共有する者との対話を、対話とよばないことにする。**対話は、言語ゲームを共有しない者との間にのみある。**そして他者とは、自分と言語ゲームを共有しない者のことでなければならない。そのような他者との関係は非対称である。〈教える〉立場に立つということは、他者を、あるいは他者の他者性を前提とすることである(18)。

子どもという〈他者〉に知識を教えるということは、日常生活での〈語る—聞く〉という惰性的な関係を脱して、本来のコミュニケーション関係に立ち返る営みでもある。授業とは、言語ゲームを展開することではなく、言語ゲームが成り立つように互いの〈他者〉に限りなく接近する営みなのである(19)。

そう考えるならば、生徒に対する教師のコミュニケーションが権力性を帯びるのは、それがもっぱら

〈語る—聞く〉関係を想定して行われる場合であることが分かる。生徒たちは、教師と同一の言語コードを所有しているはずだ。生徒は、教師が伝達する知識を、頭の印画紙にしっかりと焼き付けるべきである。こう考えられている場面では、教師は、仮に四〇人の生徒を相手にしていたとしても、そこには〈他者〉はいない。教師は、モノローグを行っているに過ぎない。〈他者〉の他者性が剥奪されたところでは、一人芝居のモノローグが他者との対話であるかのように見なされてしまう。教師が無意識のうちに行使している権力性は、この独我論(solipsism)の罠を解きほぐすことで、説明できるはずである。

生徒の将来を思い、「教育」熱心で責任感の強い教師ほど、無意識のうちに生徒を管理の輪の中に囲い込んでしまうという、よく見られるパラドックスは、この独我論に陥った典型的な事例である。教師による「愛の鞭」は、モノローグの支配する空間では、麗しい教育行為と見なされるのである。

その意味では、近代学校は、前近代社会からの脱却、社会進歩、科学技術の発展、豊かな社会の実現といった一元的なモノローグの支配する空間であった。一九六〇年代までの子どもたちは、こうした「進歩の論理」に解放感と個の独立感を味わい、それを担う教師の権威にほとんど疑いをもたなかった。

ところが、一九七〇年代後半以降の子どもたちにとって、それらは、すでに現実のものである。にもかかわらず、教師たちは、相変わらず進歩の物語(モノローグ)を説き続けてきた。八〇年代以降の生徒たちが、こうしたモノローグの支配する教室から公然と、あるいは密やかに脱出し、そこから逃避していったのは、無理からぬことであった。

五　モノローグからディアローグへ——異世代間の教育関係の編み直し

教師の権力性は、どこから生まれてくるのか。かつてはその権力性が「指導」の陰に隠されていたにもかかわらず、一九七〇年代後半以降は、なぜ体罰や規則の強制というかたちとなって露にされてきたのか。その社会的背景を考察してきた。教師の権力性が現れるのは、学校がいまだに前近代的な体質を温存させてきているからでは全くない。むしろ逆である。それは、学校という近代的システムが宿命的に有する技術依存と秩序維持の機能(20)に由来するというのが、筆者の結論である。

すでに述べたように、近代社会においては、子どもは、つねに〈教育されるヒト〉として、大人たちから切り離され、教育や保護の対象とされてきた。子どもは、かつてのように大人に交じって働き、遊ぶ存在ではなくなり、とりわけ教師の指導を一身に受けて、カリキュラムの上をひた走るだけの存在と見なされるようになった。そこには、子どもを〈生徒〉として学校に囲い込み、近代社会を担う大人を効率的に生産しようとする、見えざる意志がはたらいている。フーコー(M. Foucault)が分析して見せたように、犯罪者、病人、精神異常者などをそれぞれの施設に収容することで、社会から隔離していったのと全く同じ権力がはたらいている(21)。

しかし、こう書くと、隔離されたのは子どもだけのように思われるが、実は教師もまた学校の中に、職業的に囲い込まれた者であることを忘れてはならない。教師は、産業革命の進行によって、共同体における子育てが機能不全に陥った時期に、学校という空間に子どもを集め、その教育に専門的に当たるべく仕事を当てがわれた者である。近代化の途上で、子どもや親たちの〈まなざし〉に、教師が権威をもつように映じていたとすれば、それは、学校という新しい近代的システムに対する驚きと憧憬からであったはずである。

まだまだ残る農村風景の中に、ひときわ目立つモダンな建物。そこでは方言ではなく、「国語」という「標準語」が教えられ、読み・書き・算ばかりでなく、封建遺制を脱した四民平等のモラルが教えられる。自然科学や外国語も教えられる。しかも、子どもが、義務教育学校でよい成績を得ることは、高校・大学への進学のパスポートを得ることと同じであり、それは、産業社会における一定の地位の獲得に通ずる……。明治以来、地域の親たちが、学校に尊敬と期待を寄せてきたのは、きわめて当然の成り行きであった。

しかし、一九七〇年代の後半になって、高校進学率が九〇%を越え、第三次産業人口が過半数を越えると、それまでの学校の価値が飽和状態に達する。誰もが高校へ行き、五割近くの者が高等教育を受ける時代になった。さらに、情報化の進展によって、それまで大人から隔離されていた子どもが、メディアや消費行動を通して再び大人と行動を共にする時代になった(22)。この頃から、社会進歩を担ってきたはずの学校の価値(いわゆる学校知を含めて)が、生徒たちの〈まなざし〉には、すっかり色あせて見える時代になる。

要するに、学校に囲い込まれていた生徒たちの意識が、学校の外に向けられはじめた時期から、教師の権力的思考が作動しはじめたのである。これは、生徒たちの「学校からの逃避」に歯止めをかけようとする教師たちの絶望的な闘いであった。だからこそ、不登校の生徒は、当初は「学校恐怖症」や「学校不適応症」という病的なラベルを貼られ、次に「登校拒否」を経て、最近ようやく「不登校」というニュートラルなラベルになったのである。こうしたラベリング(labeling)にも、生徒を学校に引き戻そうとする教師の見えざる意志がはたらいている。

以上の考察から分かるように、教師のもつ権力性は、生徒たちがとっくに学校外の多様なメディア空間、遊びや学びの場を見い出してきたにもかかわらず、教師(そして親たちの多く)が、いまだに学校の正統性(legitimacy)を信じて、疑わないところから生じている。

教師自身が、大人世代と子ども世代との相互交流という巨視的な視野に立ち返って、子どもの教育を考えるべき時期にきているのである。そのさいに、子どもを、従来のように〈教えられるヒト〉としてではなく、〈自ら学ぶヒト〉(homo discens)として受け入れることが、どうしても必要である。〈ホモ・ディスケンス〉は、すでに多様な経験を通して、多くのことを学んでいるし、いつでもどこでも彼は学ぶことができる。家庭でも地域でも、メディアを通しても。そう考えれば、教師自身もまた多様な経験と学びを積んだ〈ホモ・ディスケンス〉の一人であったことが分かるはずである。「教える」とは、自ら学びつつある者が他者と関わり、相互の自立を模索していく営みに他ならない。それは、知識であれ、規範であれ、ディアローグの過程で互いの解釈を折り合わせていく行為である。

〈教える―学ぶ〉という非対称な関係性に立つこと。そこには〈他者〉が存在する。その〈他者〉に届く言葉を、教師は持ち合わせていなければならない。「言うことを聞かせる」のではなく、どうすれば生徒が自分の言葉に「耳を傾ける」ようになるか。それは指導技術の問題ではなく、むしろ人と人との関係性の問題である。関係性の欠けたところでは、技術は絶えず権力作用を呼び起こすであろう。

六　おわりに

教師の権力の問題を、主に教師と生徒の関係性に焦点をあてて論じてきた。しかし、筆者が教師だけを槍玉にあげて、その姿勢を批判してきたかのように誤解される恐れもあるので、最後に筆者の主張をまとめておきたい。

筆者が主張したかったことは、むしろ逆である。教師が権力的関係に依存せざるをえないのは、学校という場が、もともと共同体による子育ての装置が作動しなくなったところに作り出された人為的な空間であるという点に由来する。そこでは、親方の仕事ぶりに対する弟子の畏敬の念のような内発的な感情は、はじめから期待できない。教師が頼れるのは、つきつめて言えば、その教育技術と教師という「役割」(及びそこから派生する権力)だけなのである。だからこそ、コメニウス以来、教授学者たちは、生徒を

「楽しく動かす技術」を工夫し、開発し続けてきたのである。

　産業化の進展とともに、共同体のそなえていた子育ての機能は解体の一途をたどり、今や学校の教師と親(とくに母親)だけが、子どもの教育に責任を持たされるという状況が生み出されている。現在では、子どもに何か問題があると、その学校の教師がその全責任を問われかねない風潮ができ上ってしまっている。しかも、その教師の権威は、すでに見てきたように、前近代社会の親方とは比べものにならないほどに、低落の一途をたどっているのである。父性の復権が叫ばれたり[23]、教師の威信の回復が求められたりしているのは、それだけ教師の無力感が広がっている証拠でもある。

　しかし、現在、必要なことは、教師が過重な負担を強いられている状態を、権力や威信の回復でカバーするのではなく、大人世代全体による子ども世代の教育の可能性を探り、少しでも教師の孤立状態を和らげることである。教師の権力は、教室という閉ざされた場における言語ゲームから逃げ出そうとする生徒に対する規制として現れる。それは、学校以外に生徒を教育する場がどこにもないと教師自身が思い込んでいる、近代社会のハビトゥスそのものに主な原因がある。

　本来は共同体のすべての構成員が関わらなければならない子育てという行為に、学校の教師という一部の専門家集団のみが関わることの矛盾に、私たちは早く気づかなければならない。教師のもつ権力性は、その根源をたどれば、本来は大人世代のすべてが関わらねばならない後世代の教育を、教師という一部の集団に委ねて、仕事にのみに専念してきた大人世代の教育放棄そのものに由来するからである。したがって、私たちは、個々の教師の権力的姿勢を批判するだけでは、問題の解決にはならないことを知るべきである。彼らだけに過重な教育責任の負担を強い、権力行使へと駆り立てる近代社会の子育ての構造的欠陥そのものを解明していく作業が、いま求められているように思う。

【註】

(1) Ph・アリエス著、杉山光信・杉山美恵子訳『〈子供〉の誕生』(みすず書房、一九八六年、三〇〇頁)。ファン・デン・ベルク著、早坂泰次郎訳『メタブレティカ——変化の歴史心理学』(春秋社、一九八六年、一五九頁)。

(2) I・イリイチ著、桜井直文監訳『生きる思想』(藤原書店、一九九一年、九二頁)。

(3) P・ブルデュー著、今村仁司・港道隆訳『実践感覚』(第一巻、みすず書房、一九九五年、九二頁)。

(4) 周知のように、一九六五年に始まる教科書検定訴訟で争点となったのは、国家権力の教育内容への介入の問題であった。そこでは、授業を行う教師は、権力的関係を生み出す当事者というよりも、むしろ権力の規制を受ける弱者として位置づけられてきたように見える。

(5) 言うまでもなく、教育システムを構成する国家権力の問題は、現在でも無視できない重要なファクターであり、筆者もこの問題を軽視しているわけではない。しかし、重要なことは、学校というシステムを構成する様々なファクターの分析であり、単純に国家権力の弱体化が、教師の授業実践の質的向上をもたらすものではないことは、公教育の私事化をめざす新自由主義理論の台頭などを見ても明らかであろう。

(6) 一九八〇年代から話題になった大学生の講義中の私語の氾濫といった問題も、中学校や高校における教室の授業の崩壊現象と決して無関係ではないであろう。

（7）ファン・デン・ベルク、前掲書、四九頁。

（8）Ch. Rittelmeyer. Der Erzieher. in D. Lenzen (Hrsg.) : *Erziehungswissenschaft.* Hamburg, 1994, S. 207.（リッテルマイヤー「教師」（D・レンツェン編『教育科学』ローヴォルト社、一九九四年、二〇七頁）。

（9）宮澤康人『大人と子供の関係史序説―教育学と歴史的方法―』（柏書房、一九九八年、七一頁）。本書を含めて、宮澤氏の諸論文からは、多くの示唆を受けている。

（10）栗原彬「権威」の項目（見田宗介他編『社会学事典』弘文堂、一九八八年、二六〇頁）。

（11）高畠通敏氏によれば、権力とは、「一般に、他者をその意図に反して、自己の目的のために従わせることができること」と説明されている（『社会学事典』二七一頁）。しかし、この定義では、権力を担う実体がどこかに想定されており、集団の有するシステムそのものが内部から発生させる権力のメカニズムが見えてはこない難点がある。教師の権力や「いじめ」問題の分析には、集団というシステムそのものが生み出す権力性を分析できる手法が必要である。

たとえば、権力を次のように説明する内田隆三氏は、それを実体概念としてよりも、関係概念としてとらえている。「一般に権力とは、人間の身体空間を経由して働く力の関係であり、それが準拠する身体空間の形態によってその性格や運用、書式が異なってくる。権力の可能性の条件とは、それゆえ、権力作用が準拠する身体空間の布置、つまり身体空間がどのような形態にフォーマットされているのかという問題にその核心をもっている」（『消費社会と権力』岩波書店、一九八七年、一五九頁）。

同様の視点から、「いじめ」問題を解読したものとして、菅野盾樹氏の『増補版、いじめ――学級の人間学』（新曜社、一九九七年)がある。
(12) コメニウス著、鈴木秀勇訳『大教授学Ⅱ』(明治図書、一九七六年、一三七頁)。Didaktika magna, 1632.
(13) コメニウス、前掲書、二七頁。
(14) 向山洋一『教師の腕をあげる法則』(明治図書、一九八五年)。
(15) 諏訪哲二『「管理教育」のすすめ』(洋泉社、一九九七年)。
(16) 小浜逸郎『一四歳――日本の子どもの謎』(イースト・プレス、一九九七年、一〇六頁)。
(17) L・ウィトゲンシュタイン「哲学探究」(『ウィトゲンシュタイン全集』、第八巻、大修館書店、一九九七年。三二頁)。
(18) 柄谷行人『探究Ⅰ』(講談社、一九九〇年、八～九頁)。強調部分は、引用者のもの。
(19) 柄谷氏は、「言語ゲーム」を、次のように説明する。「『言語ゲーム』という概念は、ノーマル(規範的)なコミュニケーションを前提していないだけでなく、それを疑うところに存する。それはノーム(規範)、あるいは同一的・標準的な『意味』を前提するのではなく、逆にそれらがなぜいかにして形成されるのかを照明する」(前掲書、七八頁)。
(20) 山之内靖『システム社会の現代的位相』(岩波書店、一九九六年、六三～六四頁)。同様の視点は、左記の文献にも見出される。
・西本肇『学校という〈制度〉―その危機と逆転の構図―』(窓社、一九九九年)
(21) M・フーコー著、田村俶訳『監獄の誕生――監視と処罰』(新潮社、一九九二年、一八四頁)。
(22) N・ポストマン著、小柴一訳『子どもはもういない』(新樹社、一九九一年)。
(23) 林道義『父性の復権』(中央公論社、一九九七年)。

第一三章　いま教師に何ができるのか

一　学校の閉塞状況

いま学校は厳しい状況におかれている。一九九八年四月四日付の読売新聞に掲載された全国世論調査によれば、いまの学校に「満足している」のは、約二〇パーセント程度で、「どちらかといえば不満だ」・「不満だ」と答えた人の数は、全体の七四パーセントにも上っている。学校に対する不満の数値は、一九八四年に世論調査を始めて以来、過去最悪になったと新聞は報じている。

それでは、人々は学校のどこに「不満」を感じているのか。そのワースト3は、以下の項目である。「児童・生徒のことよりも、学校の都合や体面を優先する」(四六・一％)、「児童・生徒の問題をきちんと解決できない」(四二・七％)、「相談事を親身になって聞かない」(三八・九％)。これを見ると、子どものことよりも「学校の体面を優先する」閉鎖的体質、子どもの問題が見えていない、子どもの声に真剣に耳を傾けていないという点に、不満が集中していることがわかる。

逆に言えば、「授業での教え方が下手」や「授業や進路指導に熱心でない」といったことは、さほど問題になっていない。これまで学校といえば、授業を行う場であり、子どもに知識を伝達する場であった。ところが、今日の学校批判の矛先は、「授業」の上手・下手にあるのではない。子どもの問題状況への無理解、無関心が問われているのである。少なくとも一九六〇年代までの教師が最もエネルギーを注いだのは、授業であり、「教師は授業で勝負する」という教育実践家、斎藤喜博の名言が、多くの共感をもって受け入れられた時期もあった。あの当時、教育実践と言えば、ほとんど「授業」そのものを指していた。大学における中学・高校の教員養成カリキュラムの大部分は、社会科、理科等の教科専門や教科教育法であった。だからこそ教員養成学部でない大学での教員免許状の取得も十分に可能であったのだ。

ところが、今日の学校批判の焦点は、右に見たように、教師の授業の力量のなさに対する不満ではない。個々の授業内容への不満ではなく、閉鎖的な学校の体質や子どもへの無理解が、問題になっているのである。大学で身につけた「啓蒙的知性」をもって、子どもや地域住民を啓蒙し、指導していこうとする学校教師の独善的な姿勢そのものが、いまや厳しい批判にさらされているのである。

二　教育における理想主義の衰退と功利主義の台頭

たしかに「啓蒙」という一つの時代が終わったのだと、改めて私は思う。第二次大戦後、小豆島を舞台とした教育小説『二十四の瞳』や生活綴り方運動の結晶『山びこ学校』などが、感動をもって読み継がれた一時期があった。あの頃の教育界には、まさに学校こそが、民主主義を担い、これからの明るい未来を切り拓く拠点であるという自負と自信がみなぎっていた。一九五〇年代は、貧しい時代ではあったが、理想の社会建設に向かって、学校が子どもや地域社会をリードする自信に満ちあふれた「理想の時代」(見田宗介)であった(1)。粗末な木造校舎の教室では、子どもも教師も目を輝かせて、民主主義の将来や技術立国の夢を語り合っていたのである。

ところが、一九六〇年代に始まる高度経済成長は、人々の関心を「教育」や「理想」から「モノ」に変えていった。人々の意識は社会の「理想」の実現よりも、庭つき一戸建てのマイホームとマイカーの獲得に集中し、「教育」は、いつしか個人の「学歴稼ぎ」のための手段へと変質していった。歴史の未来を切り拓くという理想主義の「教育」は、一九七〇年代からの情報化・消費生活化の進展、八〇年代末からのベルリンの壁の崩壊と東欧革命によって、急速に萎んでいった。そればかりではない。学校は、この二〇年間の世界的規模における社会変化から取り残され、いまや情報・消費社会のただ中における陸の孤島のような状況に立ち至っている。一言でいえば、**近代化の達成そのものが、それを推し進めてきた学校の価値を一気に下落させてしまったのである。**

こうして、いま学校は、これまで経験もしなかった「ポスト・モダン状況」のただ中に投げ込まれている。作家の村上龍氏も指摘するように、未来への「理想」を喪失した社会では、人はなぜ学ぶのか、なぜ働くのか、なぜ生きているのかを、熱い思いを込めて子どもに語ることは難しい(2)。とりあえずはっきりしていることは、「学歴」や「資格」という財産を獲得しておいた方が、社会に出てから有利だということ。私たちは、「学ぶこと」の価値すらも貨幣に還元される社会に生きているのだから……。それ以外の、子どもの心に染み込むような説得力のある学びの意味の説明は、ほとんど聞かれなくなってしまった。

親はもとより、ベテランの教師たちも、こうした功利的な原理を越えた「学ぶこと」の意味を情熱的に語れない状況が生まれた。大人の生活そのものが、理想の実現とは程遠いものとなり、いつも功利的弁明だけが繰り返される有り様なのだ。こうして、今日の子どもたちは、人はなぜ学ぶのか、なぜ学校へいくのかを、誰からもきちんと筋道だった理由づけを教えられないままに、長期間学校に通わされているのである。

結局、父母の本音がそうであるように、学歴という財産を取得するためだけに、生徒は勉強に励んでいるように見える。そのレールから外れた根源的な問いかけは、教師に対してもしてはならないことを、子どもたちはよく知っている。だからこそ、あるきっかけで、そのレールから外れた問いを抱いてしまった神戸市の「酒鬼薔薇聖斗」少年は、その問いを誰とも共有することなく、孤独のうちに「人間の壊れやすさを確かめる聖なる実験」にまで突き進まざるをえなかったのではないか(3)。この事件は、功利的な原理から外れた、根源的な問いかけには、親も教師も全く無力であったことをさらけ出した。

このような時代に教師になるとはどういうことなのか。教師たちはいま、これまでの学校の慣行がほとんど役に立たず、学校の存立基盤、学ぶことや人間の成長の意味などについて、ほとんどゼロの地点から考え直していくしかない状況におかれている。これを、一つの時代の終わりと見るか、それとも新しい時代の始まりと見るか。その見方によって、教職の魅力も別れてくるように思う。

三　学校から逃避する子どもたち

筆者の専門は、教育人間学である。教育人間学(pädagogische Anthroplogie)とは、戦後のドイツにおいて大きな流れをなす教育学の一分野であるが、それは、従来の教授法の開発に収斂される近代教育学から抜け出て、人間の誕生からその死に至るまでの生涯における人間生成の諸相を明らかにしようとする学問である。それは、社会進歩、生産性の向上、発達といったヨーロッパの近代思想をリードしてきた理性主義的人間像をいったん相対化して、人間生成(Menschenwerdung)の多様な現れをすくい取ろうとする。

これまで筆者は、子どもの「遊び」、「経験」、「他者」、「関係性」といった概念を使いながら、近代の操作主義的な教育思考の偏りを批判してきた。それは、大自然の開発(development)と全く同様に、子どもを「人的資源」(human resources)としてモノ化し、その内にある資源、能力を限りなく開発して、利用していこうとする見えざる意志によって貫かれている。こうした操作主義的な「教育」概念によって周辺に押しやられた人間生成の豊かな諸相を、一つひとつ解き明かしていこうとするのが教育人間学である。それは、人間の経験する世界を、新しい〈まなざし〉で眺め、その意味を解釈学の方法で解読しようとする。それは近代的人間像のように、人間認識の原点という一つの「アルキメデスの点」を求めようとはしない。むしろ、子ども期から青年期、壮年期を経て、熟年期に至る人間生成の多様な現れ、多様な世界の豊かさをそのまま開示しようとする。人間の生成とは、これほど多彩で多様なものだったのかということを、解釈学的にとらえようとするのが、教育人間学の方法の特徴である。

さて、そのパースペクティブから従来の学校を見ると、学校は、社会の近代化・産業化を背後で支える重要な人材養成機関であったことがわかる。

一八七二年に学制が施行されて以来、一九七〇年代までの約百年間、社会状況は異なっても、学校に期待されてきたことは、第一に、科学・技術を中心とした教科内容の伝達であり、第二に、子どもの集団的社会化であった。学校は、子どもに一定の教科内容を伝達し、社会化機能を発揮することによって、近代産業社会を生き抜くための科学・技術の基礎と集団への適応力を養ってきた。

このように、学校が基本的には人材養成機関であるにもかかわらず、地域の親や子どもからの信頼を集めてきたのは、それが、近代的学力の普及による貧しい社会からの離脱、「魔術からの解放」(M・ウェーバー)、社会進歩、経済発展という近代化のベクトルのなかに位置づけられていたからである。さらには、学校こそが、子どもたちに民主主義の何たるかを教え、差別や競争のない「理想社会」を実現する拠点としての役割を果たしているように受け止められてきたからである。すなわち、学校の存立基盤は、歴史の進歩という、J・F・リオタールの言う「大きな物語」への幻想によって支えられてきたのである(4)。

しかし、日本は一九七〇年代半ばに高度経済成長を成し遂げ、近代化という目標そのものを達成する。これ以降は、能率的なシステム社会が学校全体を覆っていく。ちょうどこの頃から噴出し始めた子どもたちの「学校への反乱」現象、たとえば校内・家庭内暴力、「いじめ」、不登校、高校の中途退学者の増大などは、いずれもシステム社会となった学校に対する子どもたちの暗黙の抵抗、離反、逃避行動である。

一九七〇年代後半から、学歴財産の獲得という理由以外に何らの意味も見い出せない学校に通うことには到底耐えられないという生徒たちが、大量に輩出されてくる。ところが教師たちは、相変わらず社会進歩や子どもの能力開発という「大きな物語」に依存した授業を行っており、生徒たちの「学校からの逃避」行動は止まるところを知らない。

四　世界を瑞々しく再発見できる感性を

すでに述べたように、現代は一つの時代が終わり、新しい時代の兆しがほの見える端境期にある。古い学校パラダイムで考えるならば、教師の仕事は、授業を通して子どもの諸能力を開発し、もって社会進歩や経済発展に貢献することである。しかし、こうした教師の姿勢に、子どもたちはもう辟易している。近代化の頃とは異なった、子どもの声をもっと聞き入れた新しい学校のパラダイムが求められている。

それには、まず子どもを「教育を要するヒト」(ホモ・エドゥカンドゥス homo educandus)と見なすのでなく、家庭でも、地域でも、どこでも学んでいる「自ら学ぶヒト」(ホモ・ディスケンス homo discens)としてとらえ直すことが必要である。子どもを、教育的〈まなざし〉からいったん解き放して、自由にすることが肝要だ。そうすれば、家庭でも、地域社会でも、メディアを通しても、実に多くのことを学んできている子どもの姿が、よく見えてくるはずである。

こうした〈ホモ・ディスケンス〉が学校に通う理由は、教科の学習(授業)を通して、それまでとは異なった新しい世界に触れ、自己の生活世界を生き生きとしたものに蘇らせていくことができるからである。世界を瑞々しく発見し直し、生き生きと生きるためにこそ、子どもは学校で学ぶのである。学校は、近代教育学が想定したように、決して子どもの能力を一方的に開発する場ではない。彼らの生活世界に切り結び、彼らの不安や悩みを解決する力を蓄えるためにこそ、授業があるのである。

そう考えるならば、これからの教師に求められるものは、もはや「教える」力量ではないことがわかるであろう。むしろ、一人ひとり子どもの生活世界に寄り添い、彼らの新しい「自己発見の旅」とそのプロセスでの「自己脱皮」の手助けができる力量こそが求められる。それには、教師みずからが、世界を瑞々しく発見できる人であってほしい。そのような感覚のない人が、子どもの瑞々しい世界の発見を手助けできるとは到底思われない。教師はその学びを通して、子どもと共に生活世界の豊かさを感じ取れる人でありたい。

そして最後に、もう一言つけ加えたいことがある。それは、「よい教師」であろうとする前に、そもそも「教師とは何か」という根源的な問いかけを、胸のうちに燃やし続けてほしいということ。今日のような文明の転換期においては、誰もが納得する「よい教師」なるものはありえない。それよりも、教師とは何なのか、自分はなぜ教師であることを選んだのかを問い続け、自分なりに納得のできる回答を見つけ出していくことの方が、はるかに大切なことである。私にとって「教師とは何か」、私はなぜ「教師という仕事」を選んだのか。この問いの炎が、あなたの胸中で燃え尽きたとき、あなたの目の前にいる子どもの目の輝きも消え失せていくことであろう。

【註】

（1）見田宗介『現代日本の感覚と思想』（講談社、一九九五年、一四頁）。

（2）村上龍「寂しい国の殺人」（『文藝春秋』一九九七年九月号）。

（3）佐藤学氏は、写真家の藤原新也氏との対談で左記のように述べているが、その視点に私も同感する。

「ぼくは、酒鬼薔薇という少年は、同情する気はないですけど、ある果敢な挑戦をし、大変な失敗をしたというふうに受けとめるべきだと思う。子どもたちが「わかる」といっているのも、殺人を犯したことに共感しているんじゃなくて、彼が行った挑戦に共感を示しているのだと思う。それは何かというと、身体性をとり戻すことですね。その時の最大の問題は、自閉的な空間のなかに、リアリティでしか構成できないもう一つの社会をつくって、そこから発信するかたちでしか自分を解放できなかったということでしょう」（佐藤学『身体のダイアローグ』太郎次郎社、二〇〇二年、四二頁）。

（4）J・F・リオタール著、小林康夫訳『ポスト・モダンの条件――知・社会・言語ゲーム』（風の薔薇社、一九八六年）。

第一四章　反省的実践者としての教師
――佐藤学著『教師というアポリア』を読む

一　「教師であること」への問い

いま学校の教師は、大変厳しい状況のなかに置かれてしまっている。校内・家庭内暴力はやや沈静化したものの、「いじめ」、不登校、学級崩壊、高校の中途退学者の増大などが、相変わらず新聞の紙面を賑わしている。

こうした頻発する子どもの「問題行動」に業を煮やし、一部のマス・メディアなどでは、「教師は一体何をやっているのか」という教師バッシングにも似た論調が後を絶たない。一九九七年七月に出された「教育職員養成審議会」第一次答申でも、こうした論調に呼応するかのように、「実践的指導力」のある教師の養成に向けた教員養成カリキュラムの見直しが提言されている。

このままでは、一九七〇年代後半以降に生じた「教育問題」は、すべて教師の実践的力量不足が原因ということで片付けられてしまいそうな気配である。確かにそうした事例もないとは言い切れない。しかし、全体として見れば、現在の子どもの「問題行動」の原因には、高度経済成長期以降の急激な情報化や消費生活化などの社会構造の変貌が複合的に作用しているのであって、学校の教師だけに責任があるわけではない。教師たちは、こうした厳しい状況のただ中で、むしろ悪戦苦闘してきたと言ってよいのではないだろうか。

時代の転換期と言われる現代においては、「よい教師」である以前に、まず「教師であること」の意味こそが問い直されなければならないであろう。いま「教師である」とは、どういうことなのか。安易に教師バッシングに加担せず、むしろ「教師であること」の意味を、その存在の根源にまで溯って冷静に問い直す仕事こそが、いま教育学には求められている。佐藤学氏の新著『教師というアポリア』(世織書房、一九九七年)は、こうした要請に真正面から応えようとした著作と言える。

二　授業研究批判

『教師というアポリア』は、佐藤氏がここ一〇年間に発表した「教師研究」と「授業研究」に関する論文二〇編に、書き下ろし論文一編を加えて、編集したものである。ここには、前著『カリキュラムの批評――公共性の再構築へ』(一九九六年、世織書房)と同様に、現代日本の教育状況に深くかかわった論文ばかりが収められている。しかも、序論の書き下ろし論文は、東京学芸大学における教育哲学会第三九回大会の「研究討議」で発表した内容を基にして、大幅に加筆されたものである。あの時、同じ提案者の一人として横に並んでいた私には、佐藤氏の提案の内容が、今も鮮烈な印象として残っている。全二一章から成る本書の内容のすべてをここで紹介、批評するスペースはないので、著者の教師論への視界の広さを示す意味で、まずその構成を紹介しておこう。

1　序論＝教師というアポリア《中間者》から《媒介者》へ

Ⅰ　教育の実践的探究へ＝教師像の転換

2　「パンドラの箱」を開く〈「授業研究」批判〉

3　教師の省察と見識〈教職専門性の基礎〉

4　教師文化の構造

5　教師教育におけるケース・メソッドの起源〈デューイの「知性的方法」〉

6　実践的探究としての教育学〈技術的合理性に対する批判の系譜〉

Ⅱ　反省的授業の創造

7　反省的授業〈その実践と表現の様式〉

8　教師の実践的な見識を高めるために〈授業の臨床研究へ〉

9　教師の実践的思考様式に関する研究〈熟練教師と初任教師のモニタリングの比較を中心に〉

一見して明らかなように、現代の教師にかかわる問題群に向ける佐藤氏の目配りの広さには驚かされる。序論では、「教師であること」の存在論が問われ、第Ⅰ部では、教育の実践的研究のあり方が、従来の「授業研究」を批判するかたちで提示される。第Ⅱ部では、教師の実践的思考様式を深めるための「反省的授業」の方法が提示され、第Ⅲ部では、一九八六年に発表された二つのリポートを分析しながら、アメリカにおける教師教育改革の動向が示され、第Ⅳ部では、新任教師が成長していくプロセスを、教師のライフステージにおける生活世界の変容を通して分析している。これら多岐にわたる論稿のすべてについて細かく論評する力量もスペースもないので、本書のタイトルでもある「教師というアポリア」、従来の授業研究への批判、及び教師教育の問題に絞って、率直な意見と感想を述べてみたい。

三　教師への存在論的アプローチ

まず本書のタイトルでもある「教師というアポリア」を、佐藤氏自身はどのように考えているのか。氏によれば、マスメディアなどを通じた教師に対する批判や期待の言説が氾濫すればするほど、教師たちは、それらの言葉に塗り込められている教職に対する無理解に憤り、自らの存在を証明する言葉を喪失し、教職の誇りや使命までをも見失う傾向にあった。そして、教師たち自身が言葉を失って沈黙すればするほど、教師に対する苛酷な期待と過剰な告発がますます反復されて押し寄せてくる、という悪循環が続く。「こうして『教師』という問題領域は、外部における過剰な語りと内部における沈黙の中におかれて、一種のアポリア（難題）を形成している」（四頁）というのが、佐藤氏の認識の出発地点である。

ところが、従来の教育学は、このアポリアを解きほぐす責任があるにもかかわらず、教師に対して外部から語られる言説と「教師が内面に抱え込んでいる複雑な感情」とを繋ぎ合わせて循環させる責務を怠ってきたと、氏は指摘する。さらに教育学研究者もこのアポリアに呑み込まれて、マスメディアと同様に安易に教師批判に加担したり、このアポリアを巧みに回避する一時凌ぎの方略を教師たちに提供し続けてきたのではないか、と述べている。

こうした視点のもとに、序論で佐藤氏が主張するのは、以下の点である。

第一に、これまでの教師に関する教育学の言説は、「教師はいかにあるべきか」を問う〈規範的接近〉か、「いかにして教師を養成するか」を問う〈生成的接近〉か、「教師とはどういう職業なのか」を問う〈制度論的接近〉においてばかり議論され、「教師であることはどういうことなのか」、「教師であるとは何を意味しているのか」を問う〈存在論的接近〉（ontological approach）が、「教師であること」を引き受けている自己を解体させせかねない「危険な問い」として、無意識のうちに回避され続けてきた。

しかし、教育実践を問題にする以上、この「危険な問い」を避けて、教師を論ずることはできないのではないか。むしろこの〈存在論的接近〉こそが、〈規範的接近〉や〈制度論的接近〉の根底に貫かれるべき問いである。

佐藤氏はこのように力説する。そして氏は、「教師であるということ」が、子どもと大人、素人と専門家、大衆と知識人、実践家と理論家、市民と官僚、従属者と権力者、俗人と聖人などの対立図式における「中間者」(intermediator)もしくは「媒介者」(mediator)としての性格を有することを明らかにする。

第二に、読み・書き・算という3R'sを中心に組織されてきた伝達中心の教育内容は、これからは他者の幸福のために心を砕く「ケア」(care)、共同の事柄を知的に考察する「関心」(concern)、自然や他者との連帯を回復する「絆」(connection)という、３Ｃを中心とする教育内容へと再構成されるべきであることが主張される。

第三に、それには、規制緩和という名の下に、学校という公共的空間を見失い、主観的で私的な空間に閉ざされがちな教師の世界に、公共的使命(public mission)という新鮮な息吹を吹き込むことが必要である。

第四に、教師は、近代学校という装置が枠づけ、統御する身体と、その教師が自分自身の世界を生きる身体感覚の亀裂を自覚し、しかもその亀裂の狭間にあえて身をおきながら、自己という存在と実践を問い直すことが必要である。その意味では、これまでの「パラダイム的認識」に加えて、個々の教師が体験するその世界を語る「ナラティブ(物語)的認識」の方法が求められている。

第Ｉ部では、「授業研究」、「授業の科学」、「教授学」、「教科教育学」等の主張が、「近代学校の制度化」という歴史的要請を抜きにしては理解されない学問領域」(三七頁)であるにもかかわらず、それを無条件に肯定してきた授業研究者への批判がなされる。そして「近代学校の制度化」という側面をきちんと相対化できる巨視的視界からの授業の社会学的研究、文化人類学的研究、教育行政学的研究等がなされるべきであることを提言する。ちなみに著者自身は、カリキュラムの歴史的研究を基礎として、学校での授業研究に数多く参加しながら、「教職の専門的見識の形成の方法、及び事例研究を基礎とした諸分野の知見や見識を総合する方法の探究」(五五頁)を行ってきたと言う。

第Ⅱ部では、科学主義的な理論・実践概念を暗黙の前提とする「授業成立の原則」を吟味して、実践者や批評者の立場や意図によって多義的な現れを示す「意味空間や意味連関」としての「反省的授業」研究の方法が提示されている。そこでは、デューイの反省的思考(reflective thinking)の原理を基に、複雑な社会的・文化的文脈に依存する広義の文化的実践としての授業の可能性が、ショーン(D. Schön)の『反省的実践家』(Reflective Practitioner, 1983)等の著作を手がかりにして論じられる。そこでは、授業は、参加主体を抹殺した三人称の記述ではなく、一人称で語られ、子どもも固有名で登場し、一人一人の経験の叙述を通して、教室の出来事の多義的な意味の解読が探究される。

第Ⅲ部では、アメリカにおける教師教育改革の動向が、二つのリポート(『備えある国家・二一世紀の教師——教職の専門性に関するタスク・フォース・リポート』、『明日の教師——ホームズ・グループのリポート』一九八六年)の分析を基に紹介されている。一九八三年の『危機に立つ国家』を発端とする「第一の改革の波」が、政治・経済的な要請から、州行政の統制による学校の履修基準の強化と教師に対する能力給制度の導入を図ってきたのに対して、「第二の改革の波」と称される、これら二つのリポートは、「第一の改革の波」に対するリアクションとしての性格をもち、学校と大学の自律性と相互の共同を基礎に、教職の専門性を高め、それにふさわしい資格制度と待遇の改善を、行政諸機関に対する運動として展開されてきている経緯が、詳細に紹介されている。

また「教師教育の日米比較」では、戦後に誕生した日本の新制大学の教育学部は、教養教育としての広がりは獲得したものの、「教職の専門家教育の成熟」という視点から見ると、そのカリキュラムや制度は相変わらず不十分な状態にあること、その大きな理由の一つとして、その理論構築の中核にあたるべき教育学関係の研究者自身が、「教職に対する理解や敬意」を欠いていたり、「伝統的学問への呪縛や『親学問』への劣等感から教師教育の実践を軽視し、実践的・臨床的研究や学際的研究に消極的であったりするという問題」（二九七頁）があることなどが鋭く指摘され、私も思わず頷いてしまう。

第Ⅳ部では、新任の教師が子どもたちや先輩教師、同僚と出会い、教師として試行錯誤していくプロセスが、単に授業技術の向上という狭いベクトルを脱して、その教師のおかれた歴史的、社会的文脈のなかでのアイデンティティの形成過程として、描き出されている。また、戦後の壺井栄の『二十四の瞳』における「大石先生」から「斎藤喜博」を経て、「金八先生」へと至る「人間主義」的な理想的な教師像の変遷の中に、中央集権的で効率重視の日本の教育行政に対する反発は見られるものの、「効率主義」と「産業主義」を乗り越える教師像へのパースペクティブの成熟が見られないことが、説得力をもって指摘されている。

四　「媒介者」としての教師

以上のように、佐藤氏は、「教師であること」を、啓蒙主義的にも、ロマン主義的にも、さらには制度論的にも把握せず、その存在自体を一つの「アポリア」として存在論的にとらえ直し、その「アポリア」が生み出す無数の困難、亀裂、矛盾、不安定さのただ中に敢えて身をさらし、ナラティブな「反省的実践」を積み重ねていくところに、教師という存在の可能性を見いだしている。従来の啓蒙的で、技術主義的オプティミズムに彩られた教師論に不満を感じていた私は、「中間者」、不安定さをそのままのかたちで敢えて引き受けようとする氏の立場に共感するところが少なくなかった。

とりわけ第二章「『パンドラの箱』を開く」は、『教育研究の現在、教育学年報』第一巻（世織書房）に掲載された時点から注目してきた論文であり、近代学校の成立やその制度化の文脈から切り離して、「授業」というものが客観的に成り立つかのように考えられてきた、日本の教育方法学研究者や授業研究者に与えた衝撃は、計り知れないものがある。それは確かに氏が述べるように、それまでは誰も手をつけようとはしなかった「パンドラの箱」の蓋を、思い切ってこじ開け、その中身を白日のもとにさらけ出した、実に大胆な試みであった。そうすることで、技術主義的に行き詰まり状態にあった授業研究の方法を、全面的に組み直す可能性を提示したのである。

しかしながら、本書に対する不満もないわけではない。

その第一は、佐藤氏は、本書のタイトルでも使用されている「アポリア」の他にも、「ディレンマ」、「矛盾」、「亀裂」、「葛藤」といった言葉を頻繁に用いている。学校や教師の置かれた状況を「アポリア」や「ディレンマ」のもとに把握することは確かに重要であり、そうすることで新たな局面が見えてくることも事実であるが、それをあまり強調し過ぎると、一種の実存主義的な決断主義に陥る恐れもないとは言えない。むしろ権力関係や制度的側面をも含み入れた個々の学校や授業の文脈の複雑さを、既成の手垢のつかない言葉で丹念に記述する研究を深めてほしいと考える。それは著者の言う「言葉の力」(三四一頁)をさらに加えた研究を構想してほしいということであり、まさにこの点に解釈学的方法が生かされる余地があると考えられるからである。

第二に、授業の問題は、歴史的、社会的文脈でとらえることもできるが、これからは教室や学校を一つの学びの場、コミュニケーションの空間(トポス)としてとらえ直し、学校内外を行き交う子どもの自在な〈まなざし〉を通して、制度化された学校を異化する空間の構想も必要になるのではないか。それは、もはや教師論や授業論の問題ではなく、学校空間論の問題になる。**本書で希薄なのは、学校を多様な学びの空間の一つとして相対化する視点であり、子どもの学びを、教師を含めた多様な「他者」が支援していくネットワークづくりへの視点である。**〈学びのネットワーク〉づくりの拠点として学校を見直すならば、「教師であること」の意味はどうなるのか。氏の「媒介者」としての教師論にその示唆が見られるが、多様な関係性の網目のなかで、「教師であること」をどう意味づけるかが、教育哲学の重要なテーマの一つになると考えられる。

第三に、佐藤氏の仕事の方法論は、十分に哲学的であるにもかかわらず、授業研究や教育方法学の先行研究への鋭い批判は見られても、戦後の教育学を担った教育哲学分野の研究者への言及はほとんど見られない。しかし、その「反省的実践」や臨床的手法を核とする教師論や授業論は、当然かつての進歩史観や科学主義に依拠した発達論、学習集団論、生活指導論等とは、鋭く対立する側面を有するはずである。科学や発達論を主軸としたそれらの諸理論と著者の立場はどこが違うのか。現象学や実存哲学に関心を持つ私としては、佐藤氏の「反省的実践」が、今後どのような方向に向かうのかを固唾をのんで注目していきたい。

以上述べたように、『教師というアポリア』における佐藤氏の論理展開はマクロ的でありつつミクロ的であり、かつ体系破壊的なものである。教授学(Didaktik)を中心に発展してきた近代教育学に対する教育実践学からの内在的批判の一つを、読者はここに見ることができる。それは、まさに本書でも述べられている脱構築(deconstruction)の名に値する仕事であり、そこに佐藤氏のエネルギッシュな仕事の真骨頂を見る。学校現場に通暁しながら、しかも狭い教育技術論に陥ることのない、複眼的な視界を具えた数少ない授業の研究者である氏が、今後も日本の教育界に斬新な刺激を与え続けてくれることを期待したい。

あとがき

本書に収められた一四編の論文は、一九九五年から二〇〇一年にかけて発表されたものである。この間に、学会、研究会、出版社などの求めに応じてかなりの数の論文を発表してきたが、その中で都市化・情報化・消費生活化が急激に進行する中での子どもの問題を論じたものを選び、本書にまとめることとした。

最も早い時期の論文は一九九五年に発表されたが、ちょうど同年五月から翌年三月にかけて、私は、文部科学省(当時は文部省)の長期在外研究員として、ドイツのベルリン自由大学に留学する機会を得た。今振り返ってみると、その一〇カ月余りの滞独経験が、その後の私の研究のスタイルを大きく変えるものとなったように思われる。

ベルリンの宿舎で、D・レンツェン教授(ベルリン自由大学副学長)から頂いた『子どもの神話学』や『発明としての病』を読んだ時の感動を今も忘れることはできない。レンツェン教授の部屋と道を一つ隔てた建物に研究室があるCh・ヴルフ教授からも、その編著『ミメーシス・文化・芸術』や『教育人間学入門』などを通して、人間形成の問題に学際的、複眼的にアプローチする方法論を学ばせて頂いた。『教育人間学入門』は、同じ時期にドイツに留学していた今井康雄氏(東京大学)、木内陽一氏(鳴門教育大学)、桜井佳樹氏(香川大学)と一緒に翻訳し、既に玉川大学出版部より刊行されている。

ベルリンに滞在している間、私は、レンツェン教授と夫人の計らいで、ベルリン市内や旧東ドイツのブランデンブルク州の小学校、基幹学校、ギムナジウム、実科学校を数多く訪問することができた。ドイツの家庭にもお招きを頂く機会が何度かあった。そこで目にしたドイツの子どもたちは、日本の同年齢の子どもよりも、総じて素朴であり、質素であり、勤勉であり、未来志向的であるように見えた。東西ドイツの統一後間もない時期であったせいか、旧東西地域の経済格差の問題が重くのしかかり、情報化や消費生活化の波は、バブル期を経験した日本ほど急激に襲ってはきていないという印象をもった。

その後、日本とドイツの子どもの道徳意識を比較する日独共同研究の場で、日本の小中学生のテレビ視聴時間の平均値(三時間以上四七％、二〜三時間未満二六％、文部省生涯学習局調査、一九九九年度)を紹介したところ、即座に「とても信じられないテレビ依存度だ」というドイツの研究者からの反応が返ってきた。ドイツの子どもの生活と対比することで、逆に日本の子どもの情報化・消費生活化の深い浸透度を思わずにはいられなかった。

もともとはドイツ教育哲学の研究者として出発した私が、日本の子どもの問題にも目を向けるようになったのは、ドイツでの生活を経験してからのことである。とりわけ情報化・消費生活化という、ここ二〇年ほどの激流に日本の子どもや学校がどう呑み込まれてきたのか、どう対応してきたのかという問題に、どうしても関心が集中せざるを得なかったのである。

とはいえ、だからといって、ドイツの子どもは日本の子どもよりも自立している、問題がないなどと言うつもりは毛頭ない。ちょうど本書の校正作業のさなか(二〇〇二年四月二六日)に、旧東ドイツのエアフルト市にあるグーテンベルク・ギムナジウムで、元生徒の男子一人(一九歳)が銃を乱射して、一六人の生徒と教師を射殺し、自殺するという前代未聞の事件が勃発した。今、ドイツの教育界はこの問題で持ちきりであり、『シュピーゲル』誌も、「学校における死—エアフルトの殺人狂—」という特集を組み(四月二九日号)、こうした学校内の凶悪事件が年々増加傾向にあるというデータを示している。この事件の全容はまだ全くわからないが、いよいよドイツも深刻な青少年問題に直面する事態を迎えたことは確かである。

本書は、都市化、情報化、消費生活化の波が一気に押し寄せた一九八〇年代以降の日本の子どもの状況を分析したものである。こうした激流に翻弄されているかに見える日本の社会や学校に対して私が違和感を持ち、批判的なスタンスを取ってきた背景には、いま述べたような筆者の個人的な経験があったことを最後に記しておきたい。

本書を通して、子どもや学校の問題を、近視眼的にではなく、歴史人間学的にとらえ、しかもそれを人間形成論的に解読する研究の必要性を、読者に理解して頂ければ、有難いと思う。

二〇〇二年四月

高橋　勝

第Ⅲ部　文化変容と教師像の再構築

第一一章　〈教師―生徒〉関係の組みかえ
教育哲学会編『教育哲学研究』第75号(1997年)。

第一二章　教師のもつ「権力」を考える
『教師像の再構築』(講座「現代の教育」第6巻、岩波書店、1998年)。

第一三章　いま教師に何ができるのか
『今、中学・高校教師に望むこと』(栄光教育文化研究所、1998年)。

第一四章　反省的実践者としての教師
原題「書評・佐藤学著『教師というアポリア』」(『教育哲学研究』第78号、1998年)。

初 出 一 覧

第Ⅰ部　文化変容のなかの子ども

第一章　文化変容のなかの子ども
原題「ゆれる現代の子ども像」(『迷走する現代と子どもたち』東京書籍、2000年)。

第二章　子どもの自己形成空間の変容
原題「子どもの自己形成空間——昔と今」(日本社会教育学会、6月研究集会・シンポジウム提案レジュメ、2000年)。

第三章　少年の孤独とニヒリズム
原題「新しい教育人間学」(総合季刊雑誌『あうろーら』第12号、1998年)。

第四章　〈大人—子ども〉関係をとらえ直す
日本教育方法学会編『教育方法』第24号(明治図書、1995年)。

第五章　経験・他者・関係性
原題「教師主導型から学習者援助型へ」(『保健婦雑誌』医学書院、第52巻、12号増刊、1996年)。

第Ⅱ部　情報・消費社会の子ども

第六章　情報・消費社会における学校の役割
日本教育方法学会編『教育方法』第27号(明治図書、1998年)。

第七章　学校空間を開く
広島大学附属小学校・学校教育学研究会編『学校教育』(1999年 1月号 〜 3月号連載)。

第八章　リアリティを生きるための総合的学習
『現代教育科学』第478号(明治図書、1996年9月号)。

第九章　失われた「他者」感覚をどう取り戻すか
『現代教育科学』第527号(明治図書、2000年8月号)。

第一〇章　子どもの経験と思考力
『ＣＳ研レポート』第44号(教科教育研究所、啓林館、2001年)。

■著者紹介
高橋　勝　（たかはし　まさる）
1946年、神奈川県生まれ。東京教育大学大学院博士課程修了。
愛知教育大学助教授を経て、現在、横浜国立大学教育人間科学部教授。
教育哲学、教育人間学専攻。

■主要著書
『作業学校の理論』（明治図書）、『子どもの自己形成空間』（川島書店）、『学校のパラダイム転換』（川島書店）、『教育哲学』（共編著、樹村房）『子どもの〈暮らし〉の社会史』（共編著、川島書店）、『近代教育の再構築』（共編著、福村出版）、『教育関係論の現在』（共編著、川島書店）、『教師像の再構築』（共著、岩波書店）、『教育人間学入門』（監訳書、玉川大学出版部）など。

文化変容のなかの子ども——経験・他者・関係性
2002年6月20日　初　版 第1刷発行　〔検印省略〕
2011年4月20日　初　版 第4刷発行

＊定価はカバーに表示してあります

著者© 高橋 勝　発行者 下田勝司　印刷・製本／中央精版印刷

東京都文京区向丘1-20-6　郵便振替 00110-6-37828
〒113-0023　TEL (03) 3818-5521㈹　FAX (03) 3818-5514
E-Mail tk203444@fsinet.or.jp
発行所 株式会社 東信堂

Published by TOSHINDO PUBLISHING CO., LTD.
1-20-6, Mukougaoka, Bunkyo-ku, Tokyo, 113-0023, Japan

ISBN4-88713-438-X C3037 ¥2300E